即学即用
菜鸟学财报分析

（图解案例版）

北京铨瑞会计师事务所　编著

中国铁道出版社有限公司
CHINA RAILWAY PUBLISHING HOUSE CO., LTD.

图书在版编目（CIP）数据

即学即用！菜鸟学财报分析：图解案例版/北京铨瑞会计师事务所编著.—北京：中国铁道出版社，2019.10

ISBN 978-7-113-24776-8

Ⅰ.①即… Ⅱ.①北… Ⅲ.①会计报表-会计分析 Ⅳ.①F231.5

中国版本图书馆CIP数据核字（2018）第167663号

书　　名：即学即用！菜鸟学财报分析（图解案例版）

作　　者：北京铨瑞会计师事务所

责任编辑：王淑艳　　**编辑部电话：**010-51873457　　**电子邮箱：**wangsy20008@126.com

封面设计：王　岩

责任校对：王　杰

责任印制：赵星辰

出版发行：中国铁道出版社有限公司（100054，北京市西城区右安门西街8号）

网　　址：http://www.tdpress.com

印　　刷：中煤（北京）印务有限公司

版　　次：2019年10月第1版　2019年10月第1次印刷

开　　本：710 mm×1 000 mm　1/16　印张：12　字数：177千

书　　号：ISBN 978-7-113-24776-8

定　　价：36.00元

前　言

PREFACE

会计门槛不算高，找工作相对比较容易，这吸引了大量的年轻人。以往人们认为只要会做账就能当会计，有这种想法的人应该是不了解会计工作，会计不仅仅是做账，还要熟悉财务管理、财务分析、税法的知识，才能算是一名优秀的会计人员。本书要解决的是财报分析的问题。

财报是每个企业都要有的，哪些人需要看财报，怎样才能看懂财报，财报中隐含了哪些信息？如果你不懂得报表列示的项目，弄懂报表就是一句空话。

从资产负债表中能看到企业的规模、企业的实力，也能看到企业所负的债务；从利润表能看到企业当期收入、成本、费用、税金等，扣除这些，企业是盈是亏，一目了然；从现金流量表看“真金白银”流入流出的情况，最能体现现金流的真实状况；从所有者权益变动表可以看出股东资产增减情况。本书剥丝抽茧，用通俗的文字演示四大报表之间的关系，根据报表项目分析，发现隐藏的问题。

能看懂报表只能说是成功了一半，不但要看懂，还要会分析。虽然报表反映的数据是过去发生的、过去存在的问题，但能折射企业优势在哪里，劣势在哪里，如何改进等。

全真实训

本书运用具体案例与财务分析工具结合，逐步解析报表项目，并结合上市公司分析企业实际状况。

1. 编写依据

要想看懂一家公司的财报，首先要知道它是怎么编出来的，项目与项目之间有怎样的关系，作为财报阅读者要清楚。其次财报是用来分析的，我们最容易看到的财报是上市公司公布在某些网站上的季度、年度报表，本书以多家上市公司财务数据为蓝本，采用最新案例，因为案例具有典型性，用作学习的范本，更加具有力度，不容易遗忘。

2. 基础解读

秉承基础实用的原则，本书对财报从头到尾进行图解：

（1）根据大学生李亮创办豆腐厂的例子，介绍资产负债表、利润表、现金流量表、所有者权益变动表是如何编成的，非常适合零基础学财报的读者。

（2）利用上市公司的财报数据，分析企业的竞争能力、成长能力、偿债能力、赢利能力等。

（3）看财报不但要能分析企业潜力，还要透过数据看到企业真实的经营状况。某些项目的数据忽高忽低，要引起注意，再翻看至少 5 年的财报，查找原因，谨慎投资。

（4）附注是查找真实原因的一个途径，是企业对报表部分项目的具体解释。比如其他应收款，附注中会注明哪些单位或个人占用等。

本套图书

本套图书包括《即学即用！菜鸟学财报分析（图解案例版）》《即学即用！菜鸟学会计（图解案例版）》《即学即用！菜鸟学出纳（图解案例版）》《即学即用！菜鸟学成本核算与成本分析（图解案例版）》《即学即用！菜鸟学纳税（图解案例版）》，皆为入门类图书，会计知识与实务操作并行讲解，达到实战演练的目的。

本书读者

本书适用于企业管理人员、股民、审计人员、税务人员、会计初学者、开辟第二职业的好学者以及在职会计人员。

编　者

目　录
CONTENTS

上篇　财报基础

第 1 章　财务报表家庭成员

第 2 章　鸟瞰财报

第 6 章 收入类项目分析

第 7 章 费用类项目财务分析

第 10 章 不可小觑的会计报表附注

上篇

财报基础

众所周知，财报包括“四表一注”，财报给哪些人看，怎么看？本篇以通俗的文字详解财报原理与编制，有无财务基础的人都能秒懂。

根据《企业会计准则》的规定，财务会计报告是指企业对外提供的反映企业某一特定日期的财务状况和某一会计期间的经营成果、现金流量等会计信息的文件。我国一般以一个月、一个季度或一年为单位编撰财务报表，上市公司的财务报表一年公布四次，一般称作第一季报、半年报、第三季报、年报。第一季报公告时间是在每年的 4 月，半年报公告时间是在每年的 7 到 8 月，第三季报公告时间是在每年的 10 月，年报公告时间是在次年的 1 到 4 月。

第 1 章 财务报表家庭成员

会计报告包括会计报表及其附注和其他应当在财务会计报告中披露的相关信息和资料。会计报表至少应当包括资产负债表、利润表、现金流量表等报表。小企业编制的会计报表可以不包括现金流量表。

1.1 为什么编制会计报表

会计报表所提供的财务信息主要表现在投资决策、经营管理、利润分配、政府调控等方面。

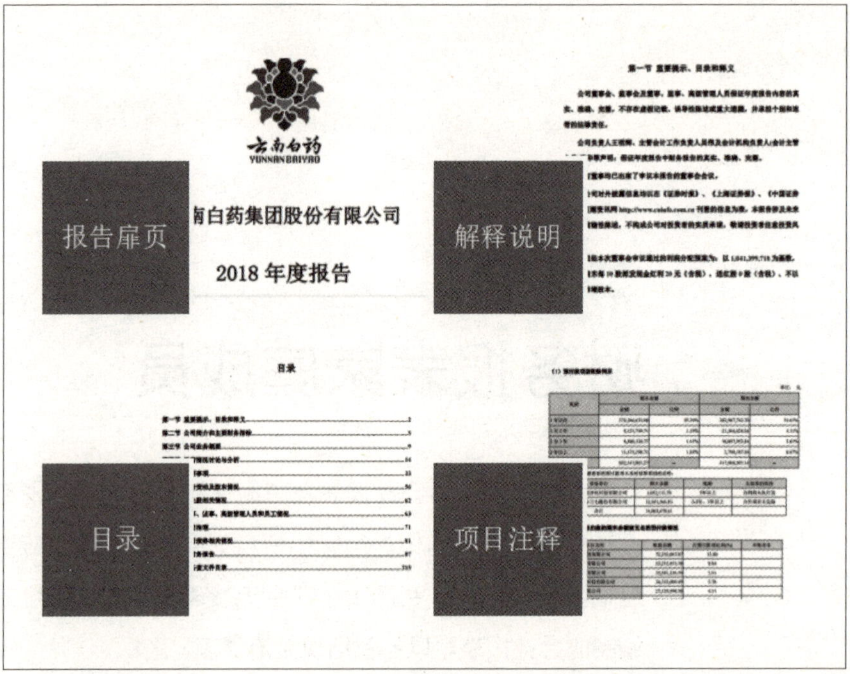

对经营者来说，企业运营的最终目标就是盈利，编制会计报表可以直接反映企业一段时间的经营成果，根据盈亏，及时调整经营策略；对税务部门来说，可通过财务报表知悉企业的盈利状况，并根据相关数据完成税收；对债务人来说，通过财务报表核实企业偿债能力；对股东来说，看企业的成长能力和发展前景等。

1.1.1 提供经济决策的重要依据

公司的资本金不外乎有两种来源：一是由所有者提供的永久性资本；二是由债权人提供的信贷资金。

所有者和债权人所面对的问题即为投资决策和信贷决策，两种决策均需求助于公司的财务报告。理性的所有者与债权人在做出上述抉择时，都会对公司的资本保值增值的情况、盈利水平以及资产的流动性、偿债能力、现金流转等给予极大的关注，而所有这些信息都来源于公司的会计报表。

1.1.2 提供公司管理信息

现代股份公司实行“两权分离”制度使公司所有者和债权人与管理者之间出现委托关系，也就是说，所有者和债权人将资金投入公司，委托管理者进行经营管理，即公司管理者所保管和运用的经济资源，都是所有者与债权人的投入，管理者理应尽妥善保管和运用的责任；而所有者与债权人也需要随时了解管理人员营运其资源的情况，以便对管理人员达到经营目标的能力做出恰当的评判，适当调整投资方向或者重新考虑代理人的人选。鉴于这样的考虑，会计报表所提供的信息，就应该有助于评价公司管理人员过去的经营业绩，以明确委托与受托的责任。

会计报表通过一定表格及附注的形式，将公司生产经营的全面情况，特别是财务信息方面的情况，进行搜集、整理，将分散的信息加工成系统的信息资料，传递给公司内部经营管理部门。公司内部经营管理部门通过会计报表及时了解企业一定日期的财务状况和一定时期的经营情况，分析企业成本费用开支是否节约，分析资产结构、负债状况以及产权结构等情况，从而达到加强经济核算、资金管理的目的。

1.1.3 提供企业税后利润分配信息

一般而言，公司支付的股利（被分配部分）和还本付息的能力均取决于其获利能力。长期未能获利的公司将会逐渐丧失其分配利润和还本付息的能力。因此，财务报告的重心在于提供有关公司盈利及其构成的信息，以帮助用户评价其未来的投资回报与现金流量。

然而，公司在一定期间所实现的利润与所产生的现金净流入并不一定相等，也不一定呈同比例增加或减少。这正如会计人员所知道的那样：1 000万元的利润并不意味着有相应的1 000万元的银行存款。利润1 000万元，但账上却没有钱，这说明什么？因为企业执行的是权责发生制，商品卖出去了，货也交了，但没收到钱，也确认为收入，记在应收账款中。这就是为什么有利润，没现金的主要原因。应收账款太多了，货卖出去，收不回钱；另外就是预付款较多。这也是上市公司必须在财务报表附注中披露的一个项目。

不论所有者或债权人，其所能收到的现金流入的金额、时间及其不确定性，都取决于公司本金现金流入的金额、时间及其不确定性。显而易见，只有当公司产生了现金注入，才会有能力支付所分配的利润和还本付息。因此，所有者与债权人在预测各自现金流量时，应当首先要预测他们所投资的公司本身的现金流量的信息。换言之，会计报表不仅应当向用户提供有关经营成果的会计信息，还应该提供引起财务状况变动的现金流转的会计信息。

1.1.4 有助于政府管理部门进行宏观调控和管理

为了满足国家对企业实行间接调控的信息需要，会计报表可为财政、税务、审计、企业上级主管机关等部门提供干预或管制所依据的信息，有利于政府管理部门对企业进行管理，借以引导企业的发展。如可以利用会计报表提供的情况，监督银行借贷资金的使用，促使公司提高资金使用效果；税务部门通过会计报表了解税收的执行情况；国家宏观经济管理部门还可以通过对公司的会计报表提供的资料进行汇总分析，分析和考核国家经济总体的运行情况，从中发现国民经济运行中存在的问题，对宏观经济运行做出准确的决策，为政府进行国民经济宏观调控提供依据。

1.2 哪些人需要读懂财务报告

财务报告使用者通常包括企业的股东、债权人、管理者、政府部门、企业内部财务人员等。若是上市公司的话，财务报告定期在网站公布，为投资机构和散户提供企业经营信息。

1.2.1 股东

股东最关心的是企业的赢利状况，有些股东在投资以后不一定参与经营，但他们必须要清楚知道这个企业的运作，所以就需要通过分析财务报表，了解企业的具体经营状况。一般来说，股东最关注的是企业的利润表。通过利润表，可以看出收入、销售毛利润、净利润，进而分析企业的销售毛利率、净利率等。若是上市公司的话，可以计算每股收益、市净率等指标。通过这些数据，决定是否增加投资或减资等决策。股东一般会通过几年的数据比较，做出对自己有利的选择。图 1-1 为蓝天公司近几年盈利指标。

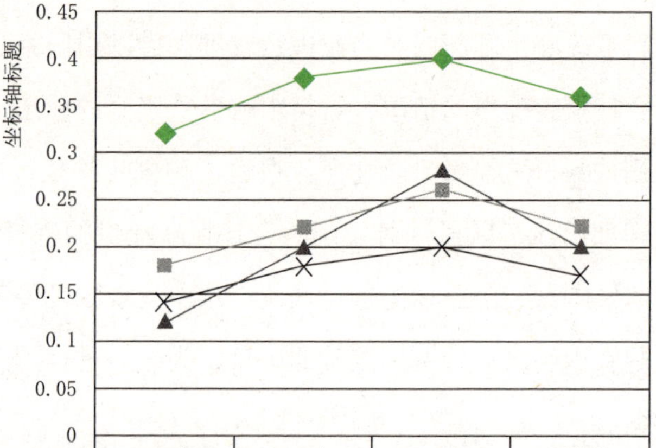

	2016年	2017年	2018年	平均值
销售毛利率	0.32	0.38	0.4	0.36
销售净利率	0.18	0.22	0.26	0.22
资产净利率	0.12	0.2	0.28	0.2
净资产收益率	0.14	0.18	0.2	0.17

图 1-1　几种反映盈利能力的指标

1.2.2 债权人

资产负债表是给债权人看的。债权人看的是企业资金的流动性，借出的钱是否安全，企业能否有能力支付本金和利息。所以债权人十分注重债务人的偿还能力，毕竟如果要借钱给一家公司，就要关心这家公司现状，通过分析企业的财务报表，了解企业的短期与长期偿债能力。

短期偿债能力是反映企业在不用变卖或处置固定资产的情况下能

够偿还短期债务的能力。短期债务是指流动负债，具体包括短期借款、应付、应交及预收款项等不长于一年或一个经营周期的债务。评估企业的短期偿债能力可通过分析流动比率、速动比率、现金比率来进行。以图 1–2 为例，蓝天公司 3 年短期偿债指标分析。

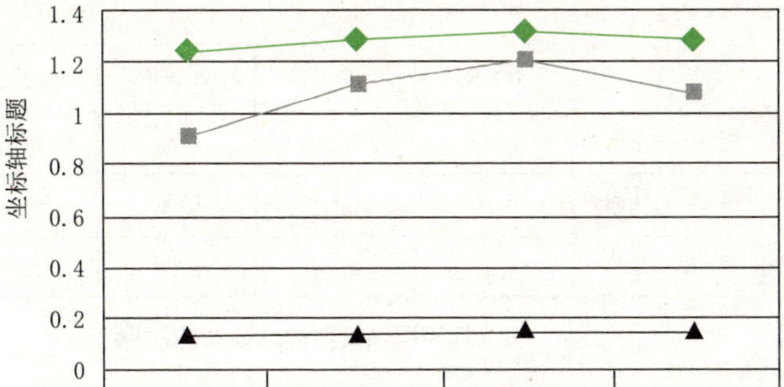

	2016年	2017年	2018年	平均值
流动比率	1.25	1.3	1.32	1.29
速动比率	0.92	1.11	1.2	1.07
现金比率	0.13	0.14	0.16	0.14

图 1–2　几种反映短期偿债能力的指标

从图 1–2 上反映的数据来看，蓝天公司流动比率、速动比率、现金比率比较稳定。

长期偿债能力是指企业偿还长期负债的能力。企业的长期负债主要包括长期借款、应付长期债券、长期应付款等偿还期在一年以上的债务。

对于企业的长期债权人和投资者来说，不仅关注短期债务偿还能力，更关心长期债务的偿还能力。分析和评价企业长期偿债能力的指标有：资产负债率、产权比率、权益乘数等，如图 1–3 所示。

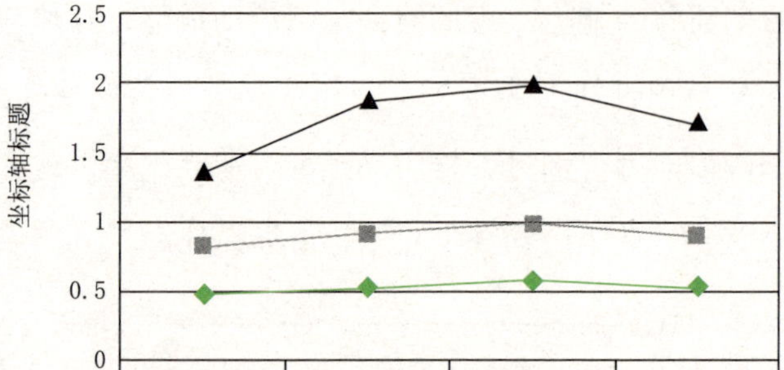

	2016年	2017年	2018年	平均值
资产负债率	0.48	0.52	0.58	0.53
产权比率	0.82	0.92	0.98	0.91
权益乘数	1.35	1.86	1.99	1.73

图 1-3 几种反映长期偿债能力的指标

1.2.3 管理者

对于企业管理者来说，他们重视的是企业的绩效。管理者可从利润表中看到营业收入、毛利率、利润总额、净利润及每股收益；从资产负债表中可看出存货、资产负债率，借款等情况；从现金流量表中看到现金流入与流出、新增债务带来的现金；从所有者权益变动表中看到是否有员工和股东分红。综合来看，会计报表可以反映企业的赢利能力、偿债能力、营运能力、成长能力的好坏。只有利润丰厚，才能让投资者、债权人、企业员工和管理者均受益。

关注企业经营理财的各方面，包括偿债能力、运营能力、获利能力、发展能力，主要进行各方面综合分析，并关注企业财务风险和经营风险。

1.2.4 政府部门工作人员

要保证市场经济沿着正确的轨道健康发展，政府部门在宏观上必须了解企业的经营行为、经营成果，借以引导企业的发展，适度地对企业进行间接调控。

为了满足国家对企业实行间接调控的信息需要，国家政府相关部门工作人员也必须学会看懂企业的财务报表，因为这些财务报表可提供干预或管制所依据的信息。

1.2.5 企业内部员工

懂得财务报表，作为企业内部员工就能够分析目前就职公司的发展前景是否良好，公司过去的盈余是否能够支撑公司度过眼前的经济危机，公司最近会不会有减薪裁员的可能性，公司是否濒临破产或倒闭，今年自己有没有加薪的可能性，年终奖金能否达到自己期望的额度，从而自己做出正确的判断和选择。

作为企业内部员工，可能重视的是企业的经营现状，期望在企业经营良好的情况下，得到更多薪水，所以他们多关注利润表。

虽然不同的人站在不同的角度对某个企业会有不同的评价，但是这些评价大都是通过财务报表来进行的。所以，不管我们是股东、债权人、管理者，还是其他相关人士，都需要读懂财务报表。

第 2 章 鸟瞰财报

本章主要介绍财报的种类及编制原理。

2.1 财报之间存在怎样的钩稽关系

企业的财报是对其财务状况、经营成果和现金流量的高度概括总结。三大财务报表钩稽关系，如图 2-1 所示。

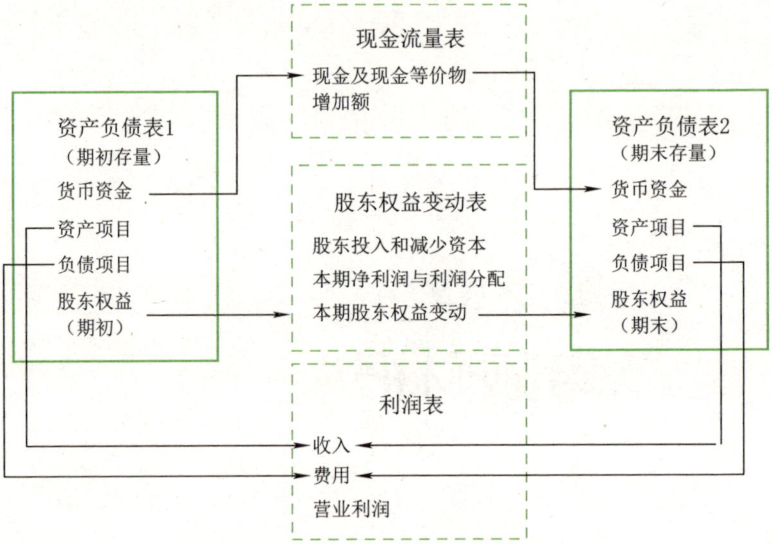

图 2-1　三大报表基本关系

从图 2-1 可以看出，资产负债表的货币资金期初与期末项目是编制现金流量表的基础；股东权益是编制股东权益变动表的基础。企业资产项目产生利润表的收入，负债项目产生费用。现金流量表经营活动包括销售商品和生产商品等现金流入与流出活动，这就是利润表中收入和费用的数据来源的一部分；现金流量表投资活动，比如购置固定资产、金融投资等，构成资产负债表固定资产、长期投资、其他资产等，筹资活动是指企业借款、融资等，构也资产负债表中负债项目。大家知道现金流量表是涉及现金流入流出，未收到现金的应收账款、其他应收款等不在现金流量中。所以利润表中的收入与费用大于现金流量表。现金流量表期初与期末现金余额与资产负债表货币资金项目大体一致。

2.2 资产负债表

资产负债表是企业在某一特定时日（通常为各会计期末）财务状况（即资产、负债和所有者权益的状况）的主要会计报表。一般以一个月最后一天的日期为节点。

2.2.1 资产负债表两列数据是怎么来的

【例 2–1】2018 年 7 月，李亮响应“大学生创业”的号召，一毕业就回到家乡，用上学期间摆地摊攒下的 8 000 元，打算创办豆腐厂。李亮的叔叔是位成功的乡镇企业家，一听侄子有这个想法，就投入 20 000 元启动资金，算作投资。李亮从工商银行取得短期贷款 10 000 元，长期贷款 10 000 元，年利率 6.5%，利息年底支付。买设备花了 30 000 元，预计使用年限 5 年，采用年限平均法计提折旧。开业前，李亮豆腐厂资金筹集和使用情况如图 2–2 所示。

从图 2–2 左侧列表可以看出，李亮拥有资产 48 000 元，分别是货币资金 18 000 元，豆腐设备 30 000 元；从右列列表可以看出，豆腐厂短期借款 10 000 元，长期借款 10 000 元；剩下的是股东投入资金 28 000 元。

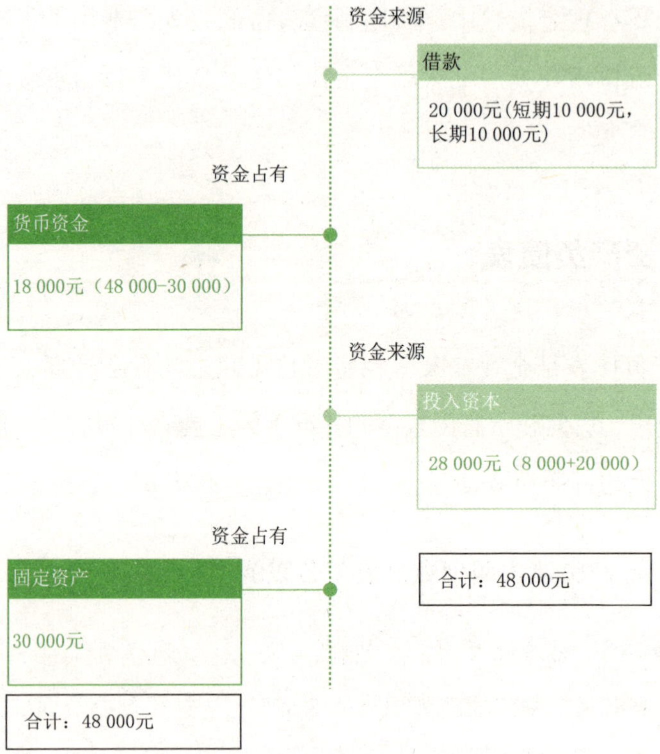

图 2-2 资金来源与占用

2.2.2 为什么要编资产负债表

李亮自主创业一个月了，当月购入黄豆 7 000 千克，共 9 100 元，货款已付。雇佣邻居家的孩子小胖卖豆腐，月工资为 800 元，当月水电费用为 1 000 元。当月用黄豆 6 000 千克做豆腐卖，取得收入 14 000 元，全部收的现金。当月利息 1 300 元，固定资产累计折旧 500 元。本月发生税金 40 元，发放管理人员工资 1 000 元。这一个月豆腐厂经营状况如何，发展潜力如何？这个就要看本月的资产负债表了，见表 2-1。

表 2-1　资产负债表

单位名称：李亮豆腐厂　　2018 年 7 月 31 日　　单位：元

资　产	期末余额	负债和所有者权益（或股东权益）	期末余额
流动资产：		流动负债：	
货币资金	18 760	短期借款	
应收账款		应付账款	10 000
预付款项		预收款项	
存货	1 300	应付职工薪酬	
		其他应付款	
一年内到期的非流动资产		应付利息	
其他流动资产		流动负债合计	10 000
流动资产合计	20 060	非流动负债：	
非流动资产：		长期借款	10 000
固定资产	30 000	非流动负债合计	10 000
累计折旧	-500	负债合计	20 000
无形资产		所有者权益（或股东权益）：	1 560
非流动资产合计	29 500	实收资本（或股本）	28 000
		所有者权益（或股东权益）合计	28 000
资产总计	49 560	负债和所有者权益（或股东权益）总计	49 560

2.2.3 什么是资产

先看表 2-1 中的资产，资产是企业从事生产经营活动的物质基础，任何一个企业要进行正常的生产经营活动，都必须拥有一定数量和结构的资产。

资产特征如下：

（1）资产是由于过去的交易或事项所形成的。即资产必须是现实的资产，而不能是预期的。它是企业在过去一个时期里已经发生的交易或事项所产生的结果。未发生的交易或事项可能产生的结果，则不属于现实的资产，不能作为资产确认。

李亮所在乡学校食堂预计 9 月开张，由于李亮的豆腐质量上乘，分量足，该学校食堂负责人打算每月购入李亮豆腐厂生产的豆腐 20 公斤，目前正与李亮洽谈。这是将来要发生的，可能合作也可能不合作，具有较大的不确定性，所以不能算作资产。

（2）资产是企业拥有或者控制的。一般来说，一项资源是否属于企业的资产，通常要看其所有权是否属于该企业。但拥有一项资源的所有权，并不是确认资产的绝对标准。对于一些特殊方式（如融资租赁）形成的资产，企业虽然不拥有其所有权，但能够实际控制的，按照实质重于形式原则的要求，也应当将其作为企业的资产予以确认。

比如，李亮购置豆腐生产设备，目的是制作豆腐，卖给顾客，取得收益。设备完全符合资产的特征。

（3）资产预期会给企业带来经济利益，是指资产拥有直接或间接导致现金和现金等价物流入企业的潜力。

李亮用现金购买黄豆，用设备制作豆腐，生产出来豆腐销售，卖掉后收到现金，获得利润。这说明资产是能够产生利润的。

2.2.4 什么是负债

负债是企业筹措资金的重要渠道，但它不能归企业永久支配使用，必须按期归还或偿还。负债实质上反映了企业与债权人之间的一种债务关系，它所代表的是企业对债权人所承担的全部经济责任或义务。

负债具有的基本特征如下：

（1）负债是企业承担的现时义务。现时义务是指由于过去交易事项发生，企业在现行条件下已承担的义务。未来发生的交易或事项形成的义务，不属于现时义务，不应当确认为负债。

李亮从银行贷款 20 000 元用于豆腐厂经营，这 20 000 元就是负债。

（2）负债预期会导致经济利益流出企业。预期会导致经济利益流出企业是负债的另一个本质特征，它说明当企业履行义务时会导致经济利益流出企业的，才符合负债的定义，如果不会导致企业经济利益流出的，就不能确认为企业的负债。

李亮卖豆腐赚了钱，有一部分是要还贷款本息的。

（3）负债是由企业过去的交易或事项形成的。换句话说，只有过去的交易或者事项才形成负债，企业在未来发生的承诺、签订的合同等交易或者事项，不形成负债。

这很好理解，李亮向银行借款，形成负债。李亮还打算扩大生产，将与另一家农贸公司签订采购合同。这份合同还没有签订，未来存在很大的不确定性，比如能否扩大生产，能否联系到卖家等。

2.2.5 什么是所有者权益

所有者权益是指企业资产扣除负债后由所有者享有的剩余权益。公司的所有者权益又称为股东权益。所有者权益在数量上等于企业资产总额扣除债权人权益后的净额，即为企业的净资产，反映所有者（股东）在企业资产中享有的经济利益。

资产 − 负债 = 净资产 = 所有者权益

所有者权益具有以下特征：

（1）除非发生减资、清算或分派现金股利，企业不需要偿还所有者权益。

（2）所有者凭借所有者权益能够参与企业利润的分配。

比如李亮的叔叔投入的 20 000 元，双方约定，若豆腐厂赢利，需要支付叔叔 10% 的分红，若是亏损，则不需要偿还本金。

2.3 利润表

利润表是反映企业在某一会计期间的经营成果的财务报表。

2.3.1 为什么要编利润表

《会计法》规定，会计期间通常指一个月或一个营业周期。在这我们要注意一个概念：营业周期。什么是营业周期，营业周期就是一个企业生产产品到卖出产品并收回钱的过程。由于行业差异，有的企业营业周期很长。如房地产公司营业周期就很长，从竞地到建房销售，要两三年时间。所以一年不是一个完整的营业周期。一般来说，制造业可以在一年之内完成；冶金业 90 天；矿产行业 60 天；食品加工业也就几天。

利润表反映的经营成果是企业一定期间的收入与费用配比而形成的净收益（或净亏损）顺序如下：

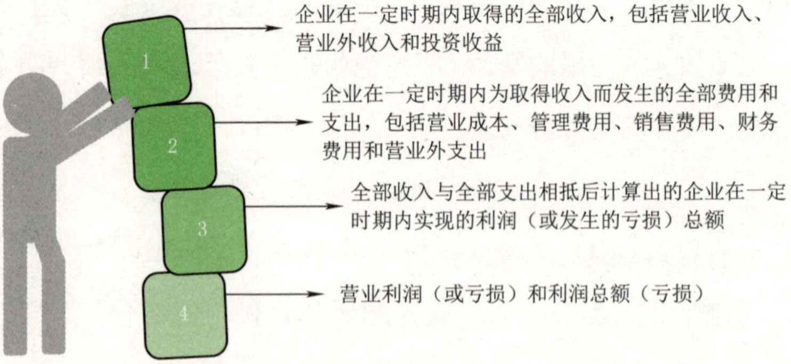

续上表

2.3.2 利润表的原理

企业一般要在月底编制利润表，收入减去成本，得出营业利润，就是通常说的毛利，毛利再减去税金、费用等，就是税前利润总额，也即是核心利润。什么是核心利润？核心利润来源于企业经营产生的毛利，扣除税金、销售费用、管理费用以及财务费用后的部分。

核心利润 = 营业收入 − 营业成本 − 税金及附加 − 销售费用 − 管理费用 − 财务费用

毛利高低代表了企业产品的竞争力等，而费用高低则代表了企业费用控制的能力。总体来说，核心利润越高，盈利能力越强，盈利质量越高。

核心利润刨去企业所得税就是净利润了，这就是企业实实在在赚的钱。

【例 2-2】沿用豆腐厂的例子，编制费用支出表。见表 2-2。

表 2-2　豆腐厂费用支出表

单位：元

行　次	费用项目明细	支出金额	对应项目
第 1 行	购买黄豆等原材料	7 800	主营业务成本
第 2 行	支付小胖工资	800	主营业务成本
第 3 行	设备磨损费用	500	主营业务成本
第 4 行	支付水电等费用	1 000	主营业务成本
第 5 行	支付税金	40	税金及附加
第 6 行	支付管理人员工资	1 000	管理费用
第 7 行	支付长期借款利息	1 300	财务费用

根据表 2-2，编制豆腐厂利润表，见表 2-3。

表 2-3 豆腐厂利润表

行 次	项 目	本期金额	数据来源说明
第 1 行	一、主营业务收入	14 000	当月销售豆腐收入
第 2 行	减：主营业务成本	10 100	
第 3 行	税金及附加	40	
第 4 行	销售费用	0	
第 5 行	管理费用	1 000	
第 6 行	财务费用	1 300	
第 7 行	资产减值损失		
第 8 行	加：公允价值变动收益（损失以“-”号填列）		
第 9 行	投资收益（损失以“-”号填列）		
第 10 行	其中：对联营企业和合营企业的投资收益		
第 11 行	二、营业利润（亏损以“-”号填列）	1 560	
第 12 行	加：营业外收入		
第 13 行	其中：非流动资产处置损失		
第 14 行	减：营业外支出		
第 15 行	其中：非流动资产处置损失		
第 16 行	三、利润总额（亏损总额以“-”号填列）	1 560	
第 17 行	减：所得税费用	0*	
第 18 行	四、净利润（净亏损以“-”号填列）	1 560	
第 19 行	五、其他综合收益的税后净额		

备注

* 新办从事公用事业、商业、物资业、对外贸易业、旅游业、物流业、仓储业、居民服务业、饮食业、教育文化事业、卫生事业的企业或经营单位，经税务部门批准，免征企业所得税一年。李亮的豆腐厂属于居民服务业，经税务部门批准，免征 1 年企业所得税。

2.4 现金流量表

什么是现金流量表呢？《企业会计准则》是这样阐述的：现金流量表是反映企业在一定会计期间现金和现金等价物流入和流出的报表。

2.4.1 现金是库存现金和银行存款吗

现金流量表上的现金是库存现金和银行存款吗？

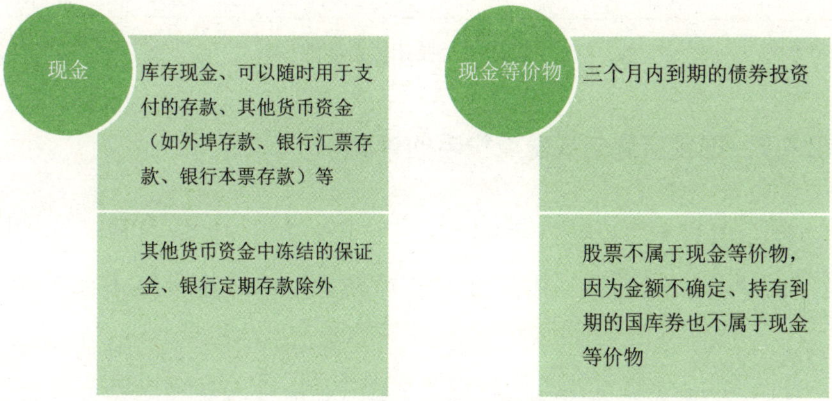

按照上述对现金及现金等价物的定义，我们看看上市公司——獐子岛 2018 年报货币资金明细，包括库存现金、银行存款、其他货币资金等，如图 2-3 所示。

其中，受限的货币资金（信用证保证金、履约保证金、用于质押的定期存款、保函保证金、银行承兑汇票保证金）不属于现金定义范畴。

单位：元

项目	期末余额	期初余额
库存现金	449,328.01	677,687.14
银行存款	355,209,946.66	424,596,708.46
其他货币资金	26,638,633.56	68,839,326.33
合计	382,297,908.23	494,113,721.93

其中受限制的货币资金明细如下：

项目	期末余额	期初余额
信用证保证金	2,629,666.39	393,002.69
履约保证金	103,400.42	4,654,657.33
用于质押的定期存款 *1	18,569,860.81	43,057,669.67
保函保证金	3,451,623.65	1,418,133.50
银行承兑汇票保证金		15,731,353.20
合计	24,754,551.27	65,254,816.39

图 2-3 货币资金明细

2.4.2 现金流量与现金流量表的编制

现金流量是一定会计期间内企业现金和现金等价物的流入和流出。企业从银行提取现金、用现金购买短期到期的国库券等不属于现金流量。

有了资产负债表和利润表后，人们发现这两张报表实际上是有缺陷的，不能反映现金流的真实情况。比如利润表上是有利润的，但账上却没有钱，所以就有了现金流量表。现金流量表是根据收付实现制编制的。根据企业经营活动、投资活动、融资活动的现金流入和流出情况，看到现金增减变动，钱花在哪，回款多少，一目了然。

现金流量表主要作用表现在以下 5 个方面：

【例 2-3】 承上例，我们编制豆腐厂现金流量表，见表 2-4。

表 2-4　现金流量表

编制单位：李亮豆腐厂　　　　2018 年 7 月 31 日　　　　金额单位：元

项　目	金　额
一、经营活动产生的现金流量	
销售商品、提供劳务收到的现金	14 000
收到的税费返还	
收到的其他与经营活动有关的现金	
现金流入小计	14 000
购买商品、接受劳务支付的现金	9 100
支付给职工以及为职工支付的现金	1 800
支付的各项税费	40
支付的其他与经营活动有关的现金	
现金流出小计	10 940
经营活动产生的现金流量净额	3 060
二、投资活动产生的现金流量	
收回投资所收到的现金	
取得投资收益所收到的现金	

续上表

项　目	金　额
处置固定资产、无形资产和其他长期资产而收回的现金净额	
收到的其他与投资活动有关的现金	
现金流入小计	
购建固定资产、无形资产和其他长期资产所支付的现金	30 000
投资所支付的现金	
支付的其他与投资活动有关的现金	
现金流出小计	30 000
投资活动产生的现金流量净额	−30 000
三、筹资活动产生的现金流量	
吸收投资所收到的现金	20 000
借款所收到的现金	20 000
收到的其他与筹资活动有关的现金	
现金流入小计	40 000
偿还债务所支付的现金	
分配股利、利润或偿付利息所支付的现金	1 300
支付的其他与筹资活动有关的现金	
现金流出小计	−1 300
筹资活动产生的现金流量净额	38 700
四、汇率变动对现金的影响	
五、现金及现金等价物净增加额	
加：期初现金及现金等价物余额	
六、期末现金及现金等价物余额	11 760

2.5 所有者权益变动表

企业运营一段时间，股东想知道自己投入的钱到底产生多少收益，即“蛋生鸡，鸡生蛋”之后，属于股东的那部分资产是增值还是减值了。所有者权益变动表就是解决这个问题的。

2.5.1 所有者权益变动表的作用

所有者权益变动表的作用主要表现在以下 3 个方面：

（1）反映企业抵御财务风险的能力。

所有者权益是企业的自由资本，也是企业生产经营、承担债务责任、抵御财务风险的基础。企业经济实力的强弱变化受所有者权益的增减变动的直接影响。而所有者权益的增减主要来源于企业利润的增长，因此，企业的盈利能力可以间接的从所有者权益变动表中得到反映，报表使用者也可以从该表中了解到企业盈利能力方面的相关信息。

（2）揭示所有者权益变动的原因。

所有者权益变动的原因有很多，该表全面记录了影响所有者权益变动的各个因素的年初余额和年末余额。通过对比每个项目年末和年初余额以及各项目的构成比例的变化，揭示所有者权益变动的原因及过程，从而为报表使用者判断企业自有资本的质量，正确评价企业的经营管理工作提供信息。

（3）反映企业股利分配政策及现金支付能力。

在所有者权益变动表中，既可以看到资产负债表的项目内容（所有者权益），还可以看到利润表中的项目内容（净利润）以及利润分配表的内容。同时，公司的股利分配政策和现金支付能力决定了向股东支付股利的多少。而现金支付能力的信息又源于现金流量表。

2.5.2 所有者权益表项目

所有者权益变动表通过反映利润分配情况，可以向投资人或潜在投资人提供有关股利分配政策和现金支付能力方面的信息，而且通过这一过程将资产负债表、利润表、现金流量以及所有者权益变动表这 4 大主要会计报表有机的联系在一起，为报表使用者全面评价企业的经营成果、财务状况和企业发展能力提供了全面的信息。

根据【例 2-1】，编制李亮豆腐厂的所有者权益表，见表 2-5。

表 2-5 所有者权益变动表

编制单位：年度　　　　单位：元

项　目	本年金额							上年金额						
	实收资本（或股本）	资本公积	减：库存股	其他综合收益	盈余公积	未分配利润	所有者权益合计	实收资本（或股本）	资本公积	减：库存股	其他综合收益	盈余公积	未分配利润	所有者权益合计
一、上年年末余额	28 000						28 000							
加：会计政策变更														
前期差错更正														
二、本年年初余额	28 000						28 000							
三、本年增减变动金额（减少以“-”号填列）														
（一）综合收益总额														
（三）所有者投入和减少资本														
1. 所有者投入和减少资本														

续上表

项　目	本年金额							上年金额						
	实收资本（或股本）	资本公积	减：库存股	其他综合收益	盈余公积	未分配利润	所有者权益合计	实收资本（或股本）	资本公积	减：库存股	其他综合收益	盈余公积	未分配利润	所有者权益合计
2. 股份支付计入所有者权益的金额														
3. 其他														
（三）利润分配						1 560	1 560							
1. 提取盈余公积														
2. 对所有者（或股东）的分配														
3. 其他														
（四）所有者权益内部结转														
1. 资本公积转增资本（或股本）														
2. 盈余公积转增资本（或股本）														
3. 盈余公积弥补亏损														
4. 其他														
四、本年年末余额	28 000					1 560	29 560							

2.6 财务报表附注

财务报表附注是企业财务会计报告的重要组成部分，其作用是对财务报表数字不能包含或不能披露的内容做进一步的解释和说明。

2.6.1 财务报表附注披露的项目

财务报表附注通常随年度财务报表一起编制，至少应当包括以下内容：

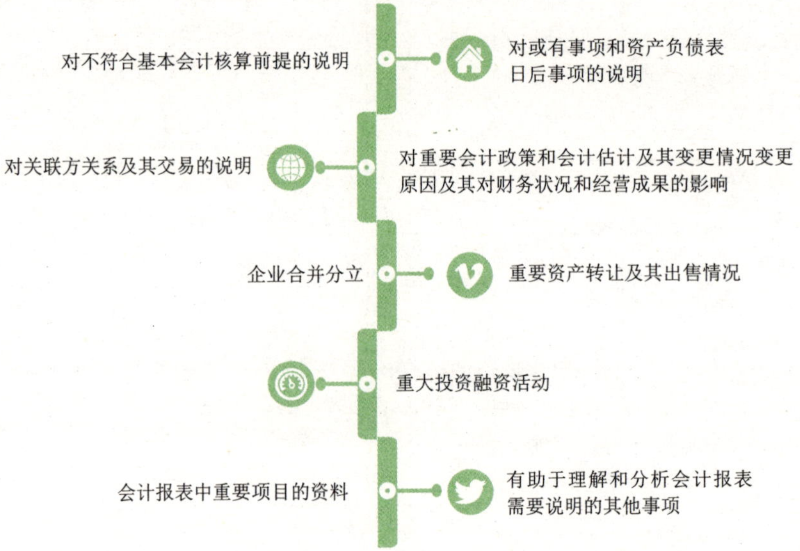

企业的经营管理者在阅读和分析财务报表之前，仔细阅读财务报表附注，有助于加深对报表数字的形式及数字背后的因素的理解；有助于理解各企业的会计政策及其区别，加强各企业财务报表资料的可比性；有助于客观地评价不同企业的资金状况和经营成果，对其业绩做出科学的评价。

2.6.2 财务情况说明书

财务情况说明书是对财务报表总体内容所做的文字说明，也是对本企业财务状况、经营成果和现金流量的分析评价。

财务情况说明书一般应包括的内容主要包括以下几个方面：

阅读财务报表和财务报表附注后，应仔细阅读财务情况说明书，它可以更好的理解企业的经营情况，有助于客观地评价企业经营管理者的业绩。

2.7 解读上市公司审计报告

上市公司公布的财报由审计报告正文和经审计的财务报表——“四表一注”两大部分组成。审计报告正文一般由三段组成，其中第三段是审计意见。通过阅读标准格式的审计意见，可以对这份财报的可信度进行甄别。

会计师事务所对审计的财报要发表审计意见，审计意见分两种类型：第一种类型是标准审计意见（也称无保留意见）；第二种类型是非标准审计意见。

2.7.1 标准审计意见

图 2-4 为四川华信（集团）会计师事务所对 2018 年五粮液财务报告出具的标准审计意见。

四川华信（集团）会计师事务所认为，公司于2018年12月31日按照《企业内部控制基本规范》和相关规定在所有
重大方面保持了有效的财务报告内部控制。

内控审计报告披露情况	披露
内部控制审计报告全文披露日期	2019年03月28日
内部控制审计报告全文披露索引	详见巨潮资讯网（http://www.cninfo.com.cn）
内控审计报告意见类型	标准无保留意见
非财务报告是否存在重大缺陷	否

会计师事务所是否出具非标准意见的内部控制审计报告

□是 √否

会计师事务所出具的内部控制审计报告与董事会的自我评价报告意见是否一致

√是□否

图 2-4　标准审计意见（来源于巨潮资讯网）

2.7.2 非标准审计意见

非标准审计意见根据具体情形分为 4 种：

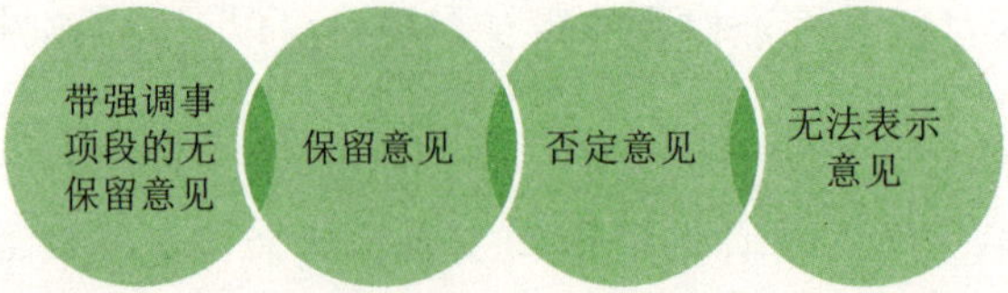

（1）带强调事项段的无保留意见，即审计报告中含有的一个段落，注册会计师对已在财务报表中恰当列报或披露的事项，提示财务报表使用者予以重视或关注，如图 2-5 所示。

大华会计师事务所（特殊普通合伙）为本公司出具了带强调事项段保留意见的审计报告，本公司董事会、监事会对相关事项已有详细说明，请投资者注意阅读。

图 2-5　带强调事项段保留意见

（2）财务报表如果存在错报对财务报表影响重大，但不具有广泛性，或者认为未发现的错报对财务报表可能产生的影响重大，但不具有广泛性时，注册会计师应当发表保留意见，如图 2-6 所示。

重要提示

一、 本公司董事会、监事会及董事、监事、高级管理人员保证年度报告内容的真实、准确、完整，不存在虚假记载、误导性陈述或重大遗漏，并承担个别和连带的法律责任。
二、公司全体董事出席董事会会议。
三、天健会计师事务所（特殊普通合伙）为本公司出具了保留意见的审计报告，本公司董事会、监事会对相关事项已有详细说明，请投资者注意阅读。

图 2-6　保留意见

（3）审计中，在获取充分、适当的审计证据后，如果认为错报对财务报表的影响重大且具有广泛性，注册会计师应当发表否定意见，如图 2-7 所示。

大信会计师事务所（特殊普通合伙）对公司 2018 年度财务报告出具了无法表示意见的审计报告，本公司董事会、监事会对相关事项已有详细说明，请投资者注意阅读。

大信会计师事务所（特殊普通合伙）对公司 2018 年度内部控制情况出具了否定意见的内部控制审计报告，请投资者注意阅读年度报告第九节公司治理中内部控制评价和审计的相关信息。

图 2-7　否定意见

（4）审计中，如果无法获取充分、适当的审计证据以作为形成审计意见的基础，但认为未发现的错报对财务报表可能产生的影响重大且具有广泛性，注册会计师应当发表无法表示意见，如图 2-8 所示。

重要提示

一、本公司董事会、监事会及董事、监事、高级管理人员保证年度报告内容的真实、准确、完整，不存在虚假记载、误导性陈述或重大遗漏，并承担个别和连带的法律责任。

二、公司全体董事出席董事会会议。

三、中审华会计师事务所（特殊普通合伙）为本公司出具了无法表示意见的审计报告，本公司董事会、监事会对相关事项已有详细说明，请投资者注意阅读。

中审华会计师事务所（特殊普通合伙）（以下简称“中审华”）为公司出具了无法表示意见的审计报告，形成无法表示意见的基础如下：

图 2-8　无法表示意见

对于投资者来说，被出具非标准审计意见的公司，要慎重对待。

下篇

财务报表分析

通过前面的学习，我们基本明白这四张财务报表的编制原理与方法，编财报的目的不是统计数据，我们要通过财报分析资产是否健康、安全、长远；账上是否有充裕的资金维持企业正常经营活动；企业扩大再生产资金链条是否稳固；销售的产品能否收到现金；企业长远发展的潜力等。

本篇选择报表重点项目逐一分析，以上市公司财务数据为蓝本，更形象、更直接地分析企业盈利、发展等情形，并将最新税法融入到报表项目中。

第 3 章
资产项目数据分析

资产是企业重要的资源，一个企业经营规模、经营品质的好坏都可以从资产负债表左侧的数据中评判。

3.1 创造利润的源头——经营资产

资产负债表左边是资产类项目，包括流动资产和非流动资产。货币资金、债权（应收票据、应收账款、预付账款）、存货、固定资产和无形资产，构成企业的经营资产。

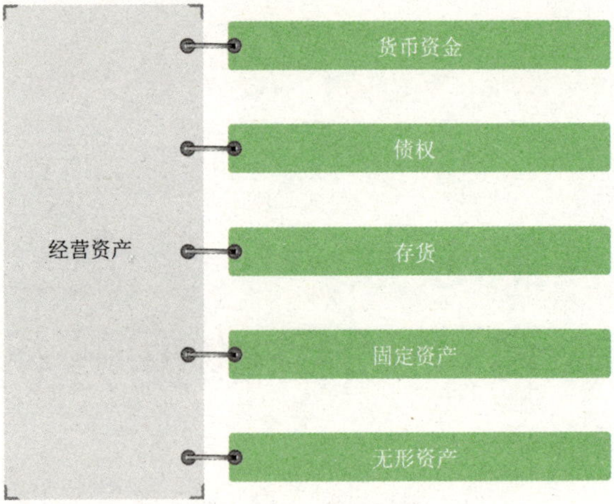

其中经营资产的核心资产包括以下项目。

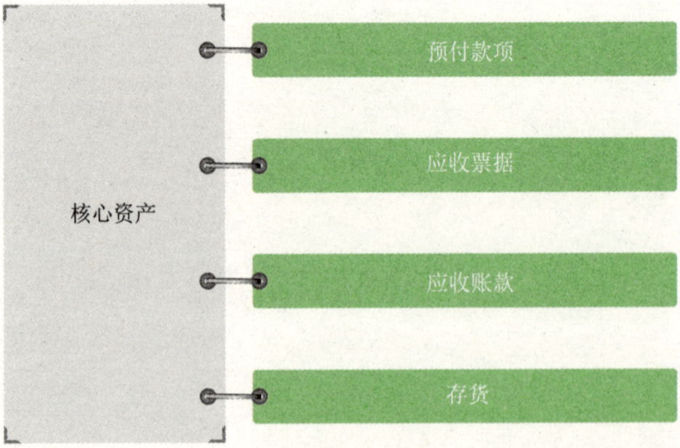

3.1.1 资产负债表中“货币资金”与现金流量表中“现金”是否等同

通过前面的学习，现金流量表是根据资产负债表中货币资金项目编制的，根据业务性质不同，分为以下几类，如图 3-1 所示。

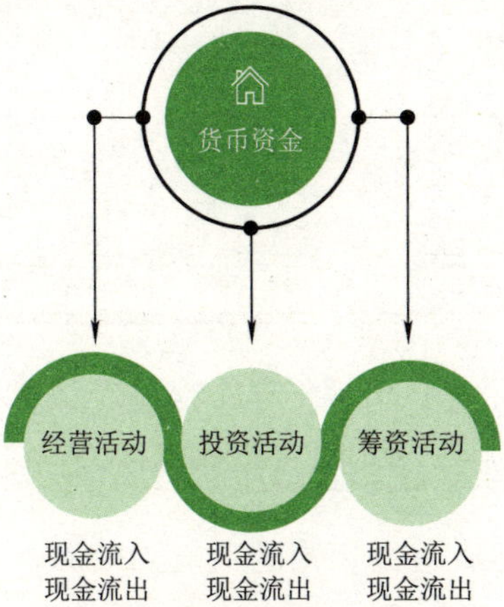

图 3-1　货币资金分解图

既然现金流量表是根据货币资金编制的，但从表 3-1 中可以看出，现金流量表期末现金及现金等价物余额和货币资金数额是不一样的，那么是什么原因导致货币资金与现金流量表现金不一样？

表 3-1　格力电器 2015 年至 2018 年报表部分数据

单位：亿元

项　目	2018 年	2017 年	2016 年	2015 年
货币资金	1 131	996.1	957.5	888.2
经营活动产生的现金流量净额	269.4	163.4	148.6	443.8
现金流入	1 462	1 137	755.2	1 188
现金流出	1 193	973.2	606.6	744.2
投资活动产生的现金流量净额	−218.5	−622.5	−192.5	−47.13

续上表

项　目	2018 年	2017 年	2016 年	2015 年
现金流入	99.49	40.03	34.41	11.79
现金流出	317.9	662.6	226.9	58.92
筹资活动产生的现金流量净额	25.14	−22.48	−57.52	−76.83
现金流入	276.4	218.8	144.9	113.5
现金流出	251.3	241.3	202.4	190.4
现金及现金等价物净增加额	74.13	−499.6	−60.44	338.6
加：期初现金及现金等价物余额	213.6	713.2	773.7	435.1
期末现金及现金等价物余额	287.7	213.6	713.2	773.7

现金流量表中的现金及现金等价物是广义现金的概念，而资产负债表中的货币资金的概念比较接近于狭义现金的概念。

资产负债表中的货币资金的范围是固定的，其包括的会计科目有“库存现金”“银行存款”和“其他货币资金”三个会计科目。

现金流量表中的现金及现金等价物的范围是不固定的，其根据企业的规模大小以及企业业务的性质由企业自己确定现金及现金等价物的范围。

（1）现金流量表的期末现金余额是对应总账的现金余额、银行存款余额、现金等价物余额。

（2）现金流量表中现金及现金等价物指的是可以随时用于支付的现金及可以快速变现的金融产品（如短期债券等）。而资产负债表中货币资金（主要是银行现金）指的是所有货币形态的资金。如：资产负债表中货币资金里的定期存款就不一定能随时可以用于支付，除非企业和银行有约定。另外，货币资金显然不包括可以快速变现的金融产品。而现金流量表中的现金及现金等价物并不仅仅为货币资金，也可能包括 3 个月内可以变现的其他现金等价物，如定期存款、应收票据等。

（3）期末资产负债表中货币资金和现金流量表中期末现金及现金等价物余额一般是不相等的，除非这个企业所有的货币资金可以随时用于支付并且企业没有可以快速变现的现金等价物。

一部分大型企业，还有金融行业的企业、证券行业的企业以及保险公司等，会将现金及现金等价物的范围扩大到“交易性金融资产”甚至“买入返售金融资产”科目，这样这些企业的现金及现金等价物的范围所包括的科目就超出了资产负债表中的货币资金的范围。

由于以上原因，货币资金余额和期末现金及现金等价物余额产生差异也就不难理解了。

3.1.2 货币资金需求量的测算

货币资金是企业生存的命脉，账面上有足够的现金，经营才能周转起来。通常经济效益较好的企业，账面上都有充裕的现金。

1. 企业持有现金的动机

企业持有现金的动机如下：

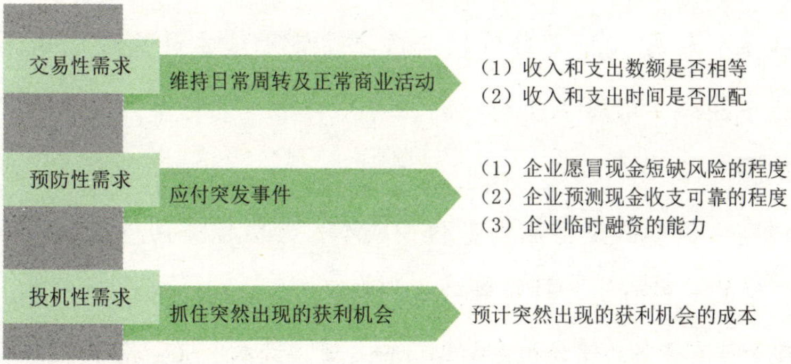

提示

（1）广义的现金是指在生产经营过程中以货币形态存在的资金，包括库存现金、银行存款和其他货币资金等。狭义的现金仅指库存现金。现金管理中所讲的现金是指广义的现金。

（2）企业的现金持有量一般小于三种需求下的现金持有量之和，因为为某一需求持有的现金可以用于满足其他需求。

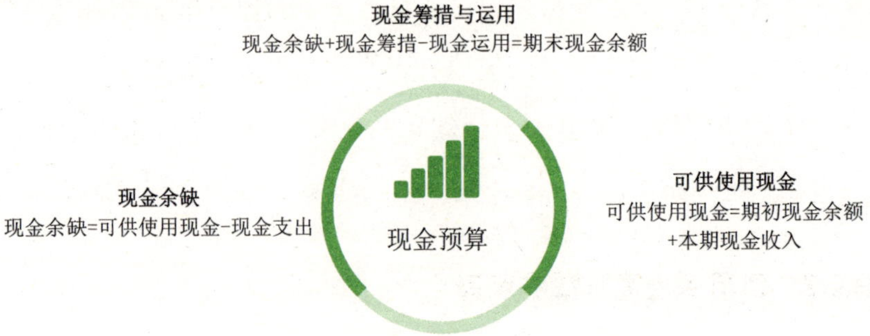

2. 账面上有多少钱合适

现金留得多了，在账面上趴着，造成浪费；现金少了，会影响企业的经营与投资，那么企业留多少现金合适呢？企业账面上现金是有成本的，它包括管理成本、机会成本、短缺成本。

成本分析模式是要找到机会成本、管理成本和短缺成本所组成的总成本曲线中最低点所对应的现金持有量，把它作为最佳现金持有量，如图 3-2 所示。

成本分析模式是根据现金有关成本，分析预测其总成本最低时现金持有量的一种方法。其计算公式为：

最佳现金持有量下的现金相关成本 =min（管理成本 + 机会成本 + 短缺成本）

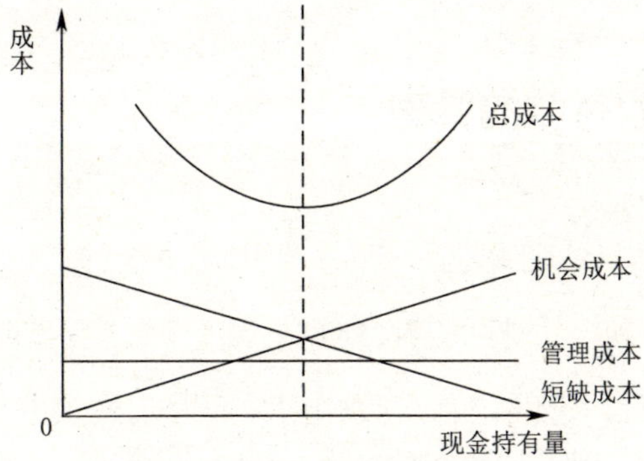

图 3-2　成本模式分析

在实际工作中运用成本分析模式确定最佳现金持有量的具体步骤为：

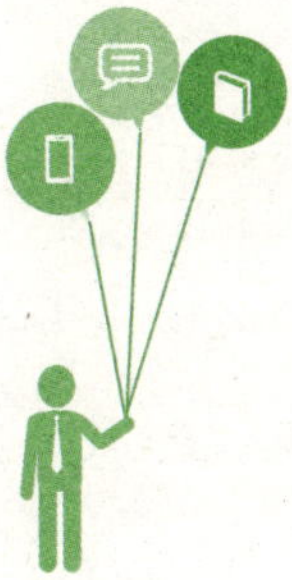

1. 根据不同现金持有量测算并确定有关成本数值
2. 按照不同现金持有量及其有关成本资料编制最佳现金持有量测算表
3. 在测算表中找出总成本最低时的现金持有量，即最佳现金持有量

计算公式如下：

$$H=3R-2L$$

式中，H 为现金最高控制线；L 为现金下限；R 为回归线。

【例 3-1】 假设天一公司的现金最低持有量为 4 000 元，现金余额的回归线为 12 000 元。如果公司现有现金 44 000 元，根据现金持有量随机模型，此时应当投资于有价证券的金额为多少元？

根据题意可知，R=12 000 元，L=4 000 元，现金控制的上限 H=3R−2L=36 000−8 000=28 000（元），由于公司现有现金 28 000 元超过了现金的控制上限 4 000 元，所以，应当投资于有价证券的金额 =44 000−12 000=32 000（元）。

3.2 企业收付款的管理

《财政部关于修订印发一般企业财务报表格式的通知》(财会〔2017〕30号)规定，把“应收票据”项目和“应收账款”项目合并为“应收票据及应收账款”，应收票据并到应收账款中，会给我们造成困扰。这两个项目虽然都是资产类项目，虽然都有应收两个字，但有云泥之别。应收票据包括支票、银行本票和商业汇票。一般来说，应收票据多于应收账款的企业，表明产品更具有竞争力，回款更有保障。合并在一起，就无法分清哪些是应收票据，哪些是应收账款，无法准确判断企业回款能力。应付票据及应付账款也是一样的，为了保障现金流，企业尽量延长付款时间，尽量少用票据。好在财会〔2019〕6号(《关于修订印发2019年度一般企业财务报表格式的通知》)又将“应收票据及应收账款”“应付票据及应付账款”作为单独项目在报表中列示，便于报表使用者分析。

3.2.1 收款管理

应收票据比应收账款更有保障，企业应尽可能从销售方取得应收票据。应收票据排在应收账款前，表明流动性强，质量高，可回收性强、坏账率低。因此应收票据质量高于应收账款。

企业衡量应收账款有个比率，即应收账款周转率，计算公式如下：

应收账款周转率＝营业收入 ÷ 平均应收账款

很多学者认为这个公式分子分母计算口径不一致，如营业收入是不含增值税的，而应收账款是含增值税的。如营业收入是1 000元，应收账款却不是1 000元，而是1 130元[1 000+（1 000×13%）]。

2019年"两会"期间政府工作报告具体指出，2019年将制造业等行业现行16%的税率降至13%，将交通运输业、建筑业等行业现行10%的税率降至9%；保持6%一档的税率不变，但通过采取对生产、生活性服务业增加税收抵扣等配套措施，确保所有行业税负只减不增。该政策自2019年4月1日执行。

另外，资产负债表上应收账款金额不是原值，而是减去坏账准备后的净值。用应收账款一个指标做分母，导致盲目夸大应收账款周转速度。让企业管理者盲目乐观，放松对应收账款的管理；给投资者造成虚假真相，导致投资失误。

通过利润表可知，营业收入包括应收票据、预收款项、应收账款。我们用这个三项目考查企业回款能力。用T形账户表示三个项目的关系如下。

借方	贷方
应收账款	预收账款
应收票据	

2018的12月31日，云南白药资产负债表部分项目数据见表3-2。

表 3-2 资产负债表（简表 1）

单位：万元

报表项目	期末	年初	报表项目	期末	年初
应收账款	185 338	201 280	预收账款	85 907	45 955
应收票据	317 374	256 038			
合计	502 712	457 318	合计	39 952	
增加	45 394		增加		

从这张表可以看出，年末债权比年初增加 45 394 万元，在赊销方面，以应收票据为主，在赊销中以应收票据为主。债权中应收票据为银行承兑汇票。债权规模增加比较大，但回款质量没问题。

预收方面，预收款 39 952 万元，少回款 5 442 万元（45 394−39 952），营业额 267.1 亿元，占营业额 0.20%。预收款增加为企业贡献了现金流。

3.2.2 付款管理

根据表 3-3，分析云南白药付款管理。

企业应付账款 422 205 万元，应付票据为 139 348 万元，应付账款比应付票据多 282 857 万元，表明企业产品竞争力很强。预付款、应付账款、应付票据可能跟存货无关，如买设备，等等。加工存货 999 401 万元，包括工资、折旧费等等。

表 3-3 资产负债表（简表 2）

单位：万元

报表项目	期末	报表项目	期末
预付账款（存货没到以前付款）	60 215	应付票据	139 348
存货	999 401	应付账款	422 205

续上表

报表项目	期末	报表项目	期末
合计	1 059 616	合计	561 553
增加	−498 063（561 553−1 059 616）		

存货和由于存货产生的负债 561 553 万元（139 348+422 205），通过对供应商的付款安排，企业节约 498 063 万元（561 553−1 059 616）。

可以看出，企业对上下游的安排，体现出企业产品的竞争力。从这可以看出经营现金流非常好。

云南白药债权以应收票据为主，债务以应付账款为主导。上游供货商提供账期，下游债权以应收票据为主，尽可能增加预收款项，增加企业市场竞争力。

再举个例子，敦煌种业是农业股，我们可以看看它的收款管理情况。

（1）收款情况见表 3−4。

表 3−4　资产负债表（简表）

单位：万元

报表项目	2019−03−31	2018−12−31	报表项目	2019−03−31	2018−12−31
应收票据	0	0	预收账款	8 132	9 192
应收账款	20 896	19 071			
合计	20 896	19 071			
增加	1 825			−1 060	

从报表上看，最有回款保障的应收票据金额期初与期末都是 0，应收账款增加 1 825 万元；预收账款减少 1 060 元，说明企业市场竞争力较弱。

（2）付款管理，见表 3−5。

表 3-5 资产负债表（简表）

报表项目	2019-03-31	报表项目	2019-03-31
预付账款	13 161	应付票据	0
存货	42 409	应付账款	0
合计	55 570		

从表 3-5 看，最应该争取账期的应付票据和应付账款是 0，虽然对上游企业有利，但对本公司是不利的，预付账款比预收账款多，说明企业未取得上游企业的支持，反而要预先支付货款，才能取得采购权。总之这是一家无论在上游，还是在下游都比较弱的企业。

当然，分析一个企业，仅凭这几个数据还不能完全体现企业的真实情形，需要全面谨慎的分析。

3.2.3 双刃剑——赊销

在激烈的市场竞争中，企业通过提供赊销可有效地促进销售，这是赊销的第一个好处。因为赊销不仅向顾客提供了商品，也在一定时间内向顾客提供了购买该商品的资金，客户将从赊销中得到好处。所以赊销会带来企业销售收入和利润的增加，特别是在企业销售新产品、开拓新市场时，赊销尤为重要。如某企业推出一款瓶装咖啡饮料，大家都知道的咖啡是坐在咖啡馆里或家中消遣的饮品，但现在咖啡像瓶装矿泉水一样通过超市销售，市场前景未知。企业为了推广瓶装咖啡饮料，允许超市赊销，不但允许赊销还给予价格上的优惠，一元一瓶。比农夫山泉都低几毛钱，顾客感觉很新鲜，纷纷购买。回去一喝，不错，比咖啡馆里的味道不差什么。一段时间之后，顾客认可这个瓶装咖啡。企业开始涨价，4.5 元一瓶，打开了市场。现在各大超市、路边小店都有这种瓶装咖啡的售卖。说明这家企业打开了市场，进入产品上升期。

提供赊销所增加的产品一般不增加固定成本，但会增加收益。因此，赊销所增加的收益等于增加的销量与单位边际贡献，计算公式如下：

增加的收益 = 增加的销售量 × 单位边标贡献

另外一个好处是减少存货。企业持有一定产成品存货会相应地占用资金，形成仓储费用、管理费用等，产生成本；而赊销则可避免这些成本的产生。所以，无论是季节性生产企业还是非季节性生产企业，当企业的产成品存货较多时，一般会采用优惠的信用条件进行赊销，将存货转化为应收账款，减少产成品存货，存货资金占用成本、仓储与管理费用等会相应减少，从而提高企业收益。

那么为什么说赊销是双刃剑呢，如果遇到企业信用或经营状况不好的企业，不只是欠你这一家的钱，还欠很多家企业的钱，那么你公司的应收账款就有可能收不回来，造成坏账。所以企业应加强对赊销单位的信用调查。常用的信用定性分析法是 5C 信用评价系统，其主要考虑以下五个要素。

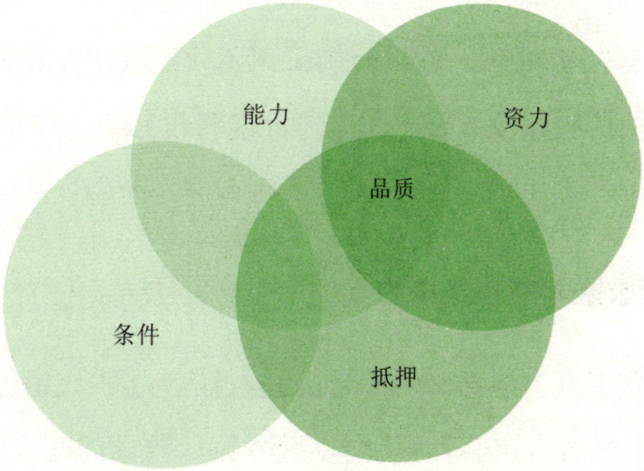

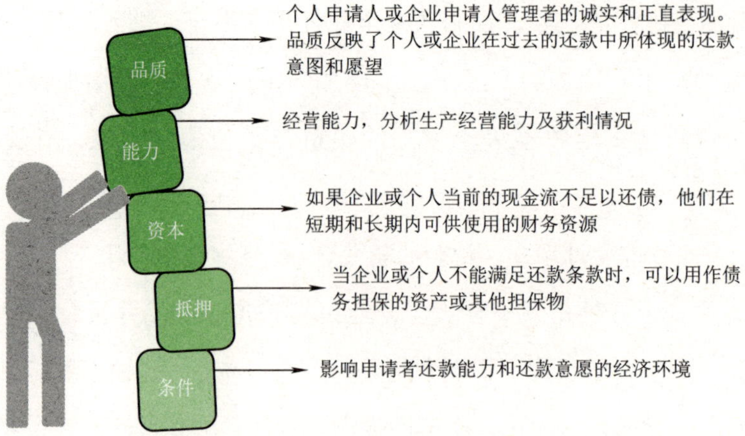

通过5C信用评价系统，把企业按信用等级分类，如分成A、B、C、D、E等，对于不同级别的企业，分别管理。对于信用级别为A、B的企业，因为信用较好，可以给予优惠的回款政策；对于信用等级为C的企业要慎重，考查这个企业经营状况、市场地位等；对于信用为D、E的企业，赊销的风险就非常大了。

除了上述按企业信用分析外，还可以按照应收账款金额大小，采用ABC分析法进行科学管理。

ABC分析法是现代经济管理中广泛应用的一种“抓重点、照顾一般”的管理方法，又称重点管理法。它将企业的所有欠款客户按其金额的多少进行分类排队，然后分别采用不同的收账策略的一种方法。它一方面加快应收账款收回，另一方面能将收账费用与预期收益联系起来。

3.2.4 应收账款是有成本的

应收账款相当于企业的一项资金投放，是为了扩大销售和盈利而进行的投资。而投资肯定会发生成本，那么应收账款的成本怎么计算呢，我们需要计算两个指标：一是应收账款信用政策所增加的盈利；二是要在政策与成本之间作出权衡。只有当应收账款所增加的盈利超过所增加的成本时，才应当实施赊销；如果赊销有着良好的盈利前景，就应当放宽信用条件增加赊销量。

1. 应收账款的机会成本

信用条件是销货企业要求赊购客户支付货款的条件，由信用期、折扣条件组成。

（1）信用期。

延长信用期，会使销售额增加，产生有利影响；与此同时，应收账款、收账费用和坏账损失增加，会产生不利影响。当前者大于后者时，可以延长信用期，否则不宜延长。如果缩短信用期，情况与此相反。

（2）折扣条件。

折扣条件包括现金折扣和折扣期两个方面。现金折扣是企业对顾客在商品价格上的扣减。企业采用什么程度的现金折扣，要与信用期结合起来考虑。计算时考虑的成本和费用，主要有应收账款的机会成本、收账费用、坏账损失和现金折扣成本。

例如，某企业预测下年的销售额为 2 000 万元，现金折扣条件为“1/10，*n*/30”，估计有 60% 的客户会享受现金折扣，现金折扣成本为多少万元？

现金折扣条件为“1/10，*n*/30”意味着折扣期为 10 天，信用期为 30 天，在折扣期内付款能享受 1% 的折扣，所以，现金折扣成本 $=2\,000\times60\%\times1\%=12$（万元）。

（3）机会成本。

应收账款的机会成本指的是因投放于应收账款而放弃其他投资所

带来的收益，计算公式如下：

应收账款的机会成本（即应收账款占用资金的应计利息）

=应收账款占用资金 × 资本成本

=应收账款平均余额 × 变动成本率 × 资本成本

=日销售额 × 平均收现期 × 变动成本率 × 资本成本

应该按照下列原则确定“平均收现期”：

①如果没有现金折扣条件，则认为“信用期=平均收现期”；

②如果存在现金折扣条件，则按照加权平均的办法计算，例如：假设现金折扣条件为“2/10，1/20，*n*/30”，其中，有10%的顾客在10天内付款；40%的顾客在20天内付款；50%的顾客在30天内付款，则：平均收现期=10%×10+40%×20+50%×30=24（天）；

③如果存在现金折扣，并且只给出折扣期内收回货款的比例，没有给出信用期内收回货款的比例，则认为其余的货款都可以在信用期内收回。

假设某企业预测的年销售额为2 000万元，应收账款平均收账天数为45天，变动成本率为60%，资金成本率为8%，一年按360天计算，则应收账款占用资金应计利息为多少万元。

根据公式，应收账款占用资金应计利息=日销售额 × 平均收现期 × 变动成本率 × 资本成本=2 000÷360×45×60%×8%≈12（万元）

2. 应收账款的管理成本

应收账款的管理成本指的是进行应收账款管理时所增加的费用，主要包括调查顾客信用状况的费用、收集各种信息的费用、账簿的记录费用、收账费用、数据处理成本、相关管理人员成本和从第三方购买信用信息的成本等。

3. 应收账款的坏账成本

应收账款的坏账成本指的是由于种种原因债权人无法收回应收账款而发生的损失。

3.2.5 识别应收账款造假

为了增加当期利润，上市公司可以与关联企业或关系企业进行赊账交易（所谓关联企业是指与上市公司有股权关系的企业，如母公司、子公司等；关系企业是指虽然没有股权关系，但关系非常亲密的企业）。

正常的销售业务如图 3-3 所示，即通常所说的“三流一致”，即物流、票流、现金流。

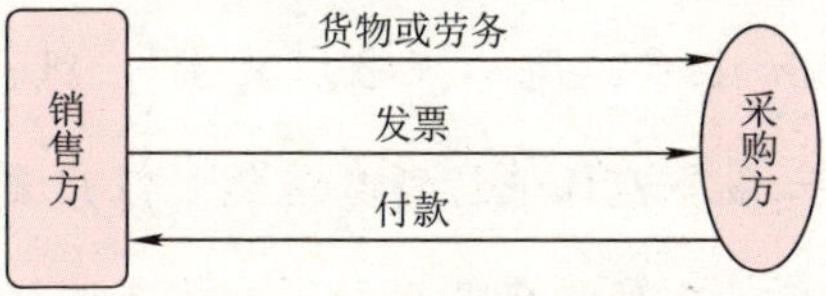

图 3-3 “三流一致”流程图

如果不符合图中三个条件，一般为虚开。

利用应收账款虚构利润是怎么操作的呢，例如 A 公司赊货给 B 公司，会计分录如下：

借：应收账款——B 关联企业

　　贷：主营业务收入

　　　　应交税费——应交增值税（销项税额）

应收账款会增加企业的利润，对利润表的贡献功不可没。但不影响现金流量表，因为没有产生现金流。这种虚假交易通常时间很短，因为应收账款不能挂账时间太长，若挂账时间长了，就要提坏账准备，那样会影响利润。怎么解决呢，很简单，下期进行退货交易，如图 3-4 所示。

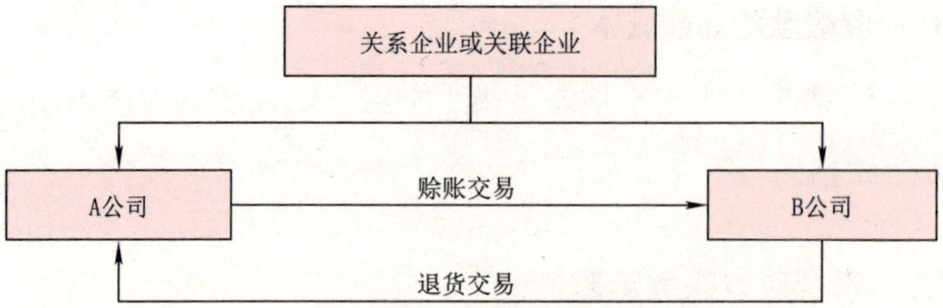

图 3-4 退货流程图

填写一个退货单据，这笔交易就相当于没有发生，重新修正上一年度的资产负债表和利润表。这是某些企业经常使用报表作弊的方法之一。

惊天大骗局——银广夏财务造假案

广夏（银川）实业股份有限责任公司（以下简称“银广夏”）于1994年在深圳交易所上市，简称“银广夏A”。银广夏于1999年，从购入原材料到销售产品全流程进行财务造假。银广夏虚构了北京瑞杰商贸有限公司、北京市京通商贸有限公司、北京市东风实用技术研究所等单位，让这几家单位作为天津广夏的原材料提供方，虚假购入萃取产品原材料蛋黄粉、姜、桂皮、产品包装桶等物，并到黑市上购买了发票、汇款单、银行进账单等票据，从而伪造了这几家单位的销售发票和天津广夏公司发往这几家单位的银行汇款单。为完善造假过程，银广夏伪造萃取产品生产记录，如原料入库单、班组生产记录、产品出库单等。有了原材料的购入，也便有了产品的销售，伪造货物出口报关单、虚构出口收入20多亿元。该虚假的年度财务报表经深圳中天勤会计师事务所审计后，并入银广夏公司年报，银广夏公司向社会发布的虚假净利润高达12 778.66万元。

根据银广夏1999年年报，银广夏的每股盈利当年达到前所未有的

0.51元；其股价从1999年12月30日的13.97元涨至2000年4月19日35.83元。2000年年报披露的业绩再创“奇迹”，在股本扩大一倍基础上，每股收益攀升至0.827元。2001年3月1日，银广夏发布公告，称与德国诚信公司签订连续3年总金额为60亿元的萃取产品订货总协议。

但在专家和同行的眼里，银广夏凭此取得的惊人效益，从财务报表中看处处皆是疑点。

（1）利润率高达46%（2000年），而深沪两市同类上市公司的利润率鲜有超过20%的。

（2）出口货物是享有国家税收优惠的，但年报里根本找不到出口退税的项目。

（3）公司公告说，签下总金额达60亿元合同的德国诚信公司，却是注册资本仅为10万马克的一家小型贸易公司。这么个小型公司有那么大的吞吐能力吗?

（4）原材料购买批量很大，都是整数吨位，一次购买上千吨桂皮、生姜，有那么大的库房放置吗?

（5）萃取技术是高温高压高耗电的，但1999年水电费仅20万元，

2000 年只有 70 万元。

（6）1998 年及之前的财务资料全部神秘“消失”。

以公司对外宣称的生产量和销售量，从报表中可查出蛛丝马迹，正应了那句话，假的真不了。2002 年 5 月，中国证监会对银广夏的行政处罚决定书认定，公司自 1998 年至 2001 年期间累计虚增利润 77 156.70 万元。从原料购进到生产、销售、出口等环节，公司伪造了全部单据，包括销售合同和发票、银行票据、海关出口报关单和所得税免税文件。因涉及银广夏利润造假案，深圳中天勤会计师事务所实际上已经解体，主要负责人被追责。

3.3 坏账准备高于应收账款是怎么回事

根据《企业会计制度》规定，企业只能采用备抵法核算坏账损失，计提坏账准备的方法由企业自行确定，并按照规定报有关各方备案。坏账准备计提方法一经确定，不得随意变更。估计坏账损失有四种方法：即余额百分比法、账龄分析法、销货百分比法和个别认定法，企业可自行选择一款。《企业会计制度》没有具体规定企业计提坏账准备的比例。这说明企业是有很大的灵活性，为某些企业操纵利润提供了空间。

3.3.1 什么情形下计提坏账准备

坏账准备是应收账款的抵减科目，应收账款借方表示增加，贷方表示减少。而坏账准备借方表示减少，贷方表示增加。企业生产经营存在着各种风险，采用商业信用赊销商品也不可避免发生坏账损失，即出现货款长期被拖欠甚至收不回来而给企业造成损失的情况。对此，可以采用两种检测方法：①关注计提坏账准备的比例。低于 5% 有潜在亏损挂账之嫌；高于 40% 又不说明原因，可能有人为加大企业当期费用、调节当期利润的企图。②进行债务构成分析：一是债务人区域构成分析；二是债务人所有制构成分析；三是债权经手人构成分析。

3.3.2 百分之百计提坏账准备案例分析

以下是上海二三四五网络控股集团股份有限公司公告。

上海二三四五网络控股集团股份有限公司
关于 2017 年度计提资产减值准备的公告（部分）

经过公司及下属子公司对 2017 年末存在可能发生减值迹象的资产，范围包括应收账款、其他应收账款、其他流动资产等，进行全面清查和资产减值测试后，2017 年度拟计提各项资产减值准备 96 627.12 万元，明细见表 3-6。

表 3-6　计提坏账

资产名称	资产原值金额（万元）	资产净值金额（万元）	年初至报告期末计提资产减值准备金额（万元）	占 2016 年度经计算归属于上市公司的净利润绝对值的比例
应收账款	66 725.46	66 707.37	18.08	0.03%
其他应收款	3 727.10	3 516.91	210.19	0.33%
其他流动资产	229 058.86	132 660.02	96 398.85	151.82%
合计	299 511.42	202 884.30	96 627.12	152.18%

注：（1）本文中部分合计数与各明细数直接相加之和在尾数上如有差异，这些差异系由于四舍五入造成。

（2）其他流动资产中理财产品、待退及预缴纳税金、第三方支付平台存款的资产原值金额为 116 411.69 万元，经单独测试未发现减值，不计提坏账准备；发放贷款及垫款的资产原值金额为 112 647.17 万元，资产净值金额为 16 248.32 万元，计提资产减值准备金额为 96 398.85 万元。

备受质疑的就是坏账准备高于应收账款，应收账款期末余额大幅度减少。

对于投资者来说，就要核实该家企业家的营业收入了。2015 年，公司刚刚借壳上市的时候，营业收入构成如下：

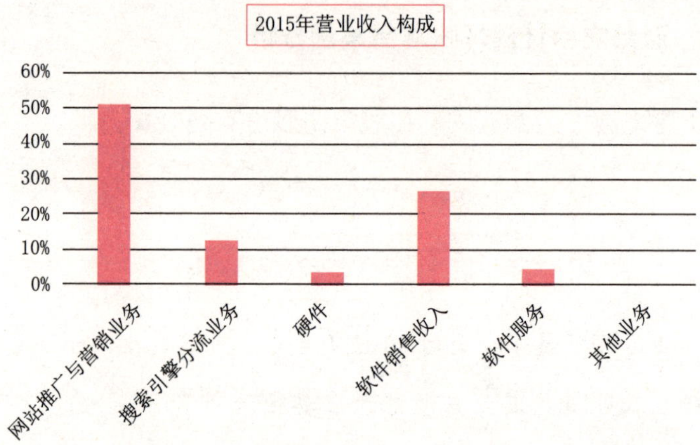

公司的营业收入在 14.6 亿元左右，以网站的营销推广和搜索引擎分流为主。到 2017 年，公司的营业收入构成发生了重大的变化：

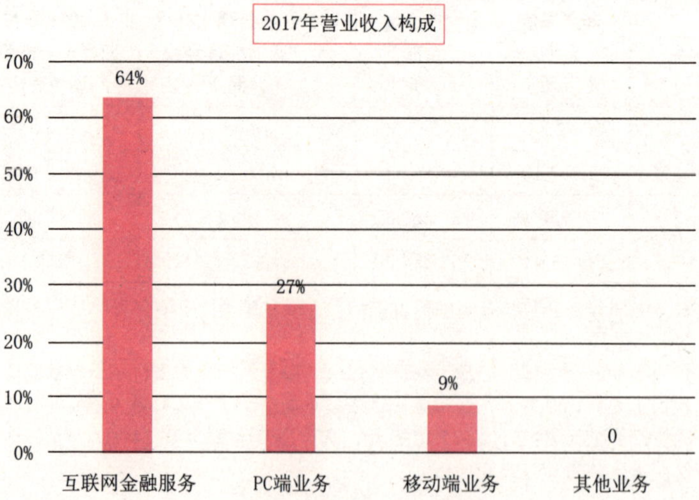

公司的主要营业收入来源成了互联网金融服务，2017 年，营业收入达到了 32 亿元。

做互联网金融的公司最怕什么？客户不还钱。由于 2017 年末互联网消费金融业务政策变化。2017 年 11 月 27 日，二三四五全资子公司曲水汇通信息服务有限公司通过公开挂牌的方式将 2.69 亿元的应收款项，以 528.3 万元的价格转让给了广西广投资产管理有限公司，二三四五当时对这部分应收款项按 100% 计提了坏账准备。这就是坏账准备高于应收账款的原因。

虽然计提减值准备符合《企业会计制度》，作为投资者还应关注这家企业的经营情况，通过相关途径了解企业资本运作。

3.4 不起眼的“其他应收款”审出大问题

其他应收款是个不起眼的项目，在这个科目核算的业务主要包括应收的各种赔款、罚款，如因企业财产等遭受意外损失而向有关保险公司收取的赔款等；应收的出租包装物租金；应向职工收取的各种垫付款项，如为职工垫付的水电费、应由职工负担的医药费；存出保证金，如租入包装物支付的押金；其他各种应收、暂付款项。一般说来金额都不大，但是常常被审计部门审出问题的恰恰是这个不起眼的项目。

其他应收款若明显高于以往，要引起投资者的注意，要追查是什么原因？许多公司的高额的“其他应收款”不完全是虚构利润的结果，而是大股东占用公司资金的结果。早在 2001 年，中国上市公司就进行了大规模清理欠款的工作，大部分欠款都是大股东挪用资金的结果，而且大部分以“其他应收款”的名义进入会计账目。

小科目，大乾坤

2018 年，千山药机对可能发生减值的应收款项、存货、长期股权投资、固定资产、无形资产及商誉等合计计提了约 18.33 亿元的减值准备，坏账减值高达 16.97 亿元，其中其他应收款计提额度约 13.24 亿元，主要包括关联方刘华山占用的 9.21 亿元资金和子公司湖南乐福地医药包材科技有限公司（下称乐福地）业绩补偿款 3.38 亿元。

图 3-5 为坏账准备计提明细表。

项目	期初数	本期增加		本期减少			期末数
		计提	其他	转回	转(核)销	其他	
坏帐准备--应收帐款	400,749,749.27	366,768,985.23					767,518,734.50
坏帐准备--其他应收款	19,137,107.05	1,324,293,392.83					1,343,430,499.88
坏帐准备--预付款项		4,394,200.74					4,394,200.74
存货跌价准备	4,008,855.70	125,411,427.35			3,924,122.87	84,732.83	125,411,427.35
长期股权投资减值准备		7,905,343.02					7,905,343.02
固定资产减值准备	1,329,694.45	974,358.63				812,049.59	1,492,003.49
无形资产减值准备	32,854,608.90	-					32,854,608.90
商誉减值准备	338,336,414.83	3,969,281.09					342,305,695.92
合计	796,416,430.20	1,833,716,988.89	0	0	3,924,122.87	896,782.42	2,625,312,513.80

期末单项金额重大并单项计提坏账准备的其他应收款：

√ 适用 □ 不适用

单位：元

其他应收款（按单位）	期末余额			
	其他应收款	坏账准备	计提比例	计提理由
R+EAutomationstechnikGmbH	8,312,198.48	8,312,198.48	100.00%	申请破产清算
刘华山	920,586,743.67	920,586,743.67	100.00%	预计未来很可能无法收回
业绩补偿款	365,970,932.76	338,102,932.76	92.39%	预计未来很可能无法收回
上饶县鼎诚贸易有限公司	16,960,000.00	16,960,000.00	100.00%	预计未来很可能无法收回
云南司艾特药业有限公司	12,057,880.98	12,057,880.98	100.00%	预计未来很可能无法收回
兖州生宝制药有限公司	11,216,914.98	11,216,914.98	100.00%	预计未来很可能无法收回
刘华山--代付担保款（湖南顺顺利贸易有限公司（袁辉））	6,600,000.00	6,600,000.00	100.00%	预计未来很可能无法收回
合计	1,341,704,670.87	1,313,836,670.87	—	—

图 3-5　2018 年财报披露的坏账准备信息

5)按欠款方归集的期末余额前五名的其他应收款情况

单位：元

单位名称	款项的性质	期末余额	账龄	占其他应收款期末余额合计数的比例	坏账准备期末余额
刘华山	资金拆借	920,586,743.67	1年以内、1-2年	65.43%	920,586,743.67
业绩补偿款	补偿款	365,970,932.76	1-2年	26.01%	338,102,932.76
上饶县鼎诚贸易有限公司	资金拆借	16,960,000.00	1-2年	1.21%	16,960,000.00
云南司艾特药业有限公司	资金拆借	12,057,880.98	1-2年	0.86%	12,057,880.98
兖州生宝制药有限公司	资金拆借	11,216,914.98	1年以内、1-2年	0.80%	11,216,914.98
合计	—	1,326,792,472.39	—	94.05%	1,298,924,472.39

图 3-5　2018 年财报披露的坏账准备信息（续）

2018 年财务年报披露股东刘华山拆借资金 9.21 亿元，占其他应收款期末余额合计数比例 65.43%，公告称预计无法收回，全额计提坏账准备。同时，千山药机还对外担保计提预计负债 2.37 亿元，且目前还存在未履行审批程序且未及时履行信息披露义务的对外担保本金余额约 3.35 亿元。千山药机称，发生违规对外担保的原因是公司相关人员签订部分担保合同时没有履行印章使用审批流程，经办人员直接领取公章签订合同，印章管理与控制失效。这也显示出千山药机内部管理的混乱和失控。

利安达会计师事务所（特殊普通合伙）对千山药机 2018 年财务会计报告出具了无法表示意见的审计报告。而且是连续两年被出具非标准无保留意见；同时截至 2018 年末，公司总资产为 25.49 亿元，经审计净资产为 -17.95 亿元，已资不抵债，资产负债率高达近 169%。

根据相关规定，千山药机公司股票于 2019 年 4 月 26 日起停牌。

通过以上分析，其他应收款金额居高不下，应引起企业管理者的高度重视，建立责任机制，积极消除对企业长期发展不利的因素。

3.5 存货

核心资产中有个特别重要的资产：存货。因行业不同，存货所占的比重也是不一样的。如酒店企业，没有存货，只有固定资产。酒店大楼就是固定资产，通过提供住宿产生经营收入。又如房地产企业，几乎都是存货，固定资产很少。制造业是典型的存货和固定资产都很多的企业，通过固定资产生产存货。存货与固定资产是衡量资源与能力的一个指标。

资源与能力	
存货 固定资产	

3.5.1 存货周转率——衡量存货周转速度

衡量企业存货周转速度有一个公式，即存货周转率。存货周转率（次数）是衡量和评价企业购入存货、投入生产、销售收回等各环节管理效率的综合性指标。

存货周转次数 = 销售收入 ÷ 存货平均余额

存货平均余额 =（期初存货 + 期末存货）÷2

存货周转天数是指存货周转一次（即从取得到销售）所需要的时间。计算公式为：

存货周转天数 = 计算期天数 ÷ 存货周转次数

= 计算期天数 × 存货平均余额 ÷ 销售收入

对于一般制造业来说，存货周转天数越少，企业赢利能利越强。

企业管理者可根据存货周转率和存货周转天数，找出企业存货管理中存在的问题，从而提高存货管理的水平，使存货管理在保证企业生产经营连续性的同时，尽可能少占用企业的经营资金，提高企业资金的使用效率，促进企业管理水平的提高。

存货周转率是用来测定企业存货的变现速度，衡量企业的销货能力及存货是否储备过量的指标，是对企业供、产、销各环节管理状况的综合反映。在运用该指标进行分析时，还应该注意：

存货周转率提高，存货占用水平越低，则存货积压的风险就越小，企业的变现能力以及资金使用效率也就越高。但是存货周转率过高，也可能说明企业管理方面存在其他问题，如存货水平太低，甚至经常缺货，或者采购次数过于频繁，批量太小等。因此，合理的存货周转率要视产业特征、市场行情及企业自身特点而定。

成本管理是比较复杂的，包括采购成本、储存成本、缺货成本。企业应提前预测存货使用情况，及时补货，但又不能太多，补货多会增加储存成本；补货不足造成缺货，减少市场份额，影响当期利润。

3.5.2 存货的控制系统

存货的控制系统包括 ABC 控制系统、适时制库存控制系统等。

1. ABC 控制系统

ABC 分类管理就是按照一定的标准，将企业的存货划分为 A、B、C 三类，分别实行分品种重点管理、分类别一般控制和按总额灵活掌握的存货管理方法。

分类标准及其管理方法表，见表 3-7。

表 3-7 ABC 控制系统

项 目	特 征	分类标准		管理方法
		价值	品种数量	
A 类	价值高，品种数量相对较少	50% ~ 70%	10% ~ 15%	重点控制，严格管理
B 类	金额不算多，品种数量相对较多	15% ~ 20%	20% ~ 25%	一般管理
C 类	品种数量繁多，价值金额却很小	10% ~ 35%	60% ~ 70%	

2. 零库存管理系统

伴随着业务流程重组的兴起以及计算机行业的发展，库存管理系统也得到了很大的发展。从 MRP（物料资源规划）发展到 MRP-II（制造资源规划）、再到 ERP（企业资源规划），以及后来的柔性制造和供应链管理，甚至是外包等管理方法的快速发展，都大大促进了企业库存管理方法的发展。这些新的生产方式把信息技术革命进步融为一体，提高了企业的整体运作效率。

（1）制造企业事先和供应商和客户协调好（稳定而标准的生产程序及与供应商的诚信）。

（2）只有当制造企业在生产过程中需要原料或零件时，供应商才会将原料或零件送来（零采购库存）。

（3）每当产品生产出来就被客户拉走（零成品库存）。

3. 看板管理系统

准时制是日本丰田汽车公司在 20 世纪 60 年代实行的一种生产方式，1973 年以后，这种方式对丰田公司度过第一次能源危机起到了突出的作用，后引起其他国家生产企业的重视，并逐渐在欧洲和美国的日资企业及当地企业中推行开来，这一方式与源自日本的其他生产、流通方式一起被西方企业称为“日本化模式”。

1953 年，日本丰田公司的副总裁大野耐一综合了单件生产（One-piece-flow）和批量生产的特点和优点，创造了一种在多品种小批量混合生产条件下高质量、低消耗的生产方式即准时生产（Just In Time，简称 JIT）。

在实现 JIT 生产中最重要的管理工具是看板，看板是用来控制生产现场的生产排程工具。

3.5.3 存货跌价准备的计提方法

我们经常在上市公司披露财报附注中看到企业计提存货跌价准备金额与比例。投资者需要懂得是怎么计提的，便于分析上市公司资产损失的情况。

企业在期末对存货进行全面清查后，按存货的成本与可变现净值孰低提取或调整存货跌价准备。产成品、库存商品和用于出售的材料等直接用于出售的商品存货，在正常生产经营过程中，以该存货的估计售价减去估计的销售费用和相关税费后的金额，确定其可变现净值；需要经过加工的材料存货，在正常生产经营过程中，以所生产的产成品的估计售价减去至完工时估计将要发生的成本、估计的销售费用和相关税费后的金额，确定其可变现净值；为执行销售合同或者劳务合同而持有的存货，其可变现净值以合同价格为基础计算，若持有存货的数量多于销售合同订购数量的，超出部分的存货的可变现净值以一般销售价格为基础计算。

期末按照单个存货项目计提存货跌价准备；但对于数量繁多、单价较低的存货，按照存货类别计提存货跌价准备；与在同一地区生产和销售的产品系列相关、具有相同或类似最终用途或目的，且难以与其他项目分开计量的存货，则合并计提存货跌价准备。

以前减记存货价值的影响因素已经消失的，减记的金额予以恢复，并在原已计提的存货跌价准备金额内转回，转回的金额计入当期损益。

会跑路的存货

存货是企业最可靠的资产，看得着，摸得到。但存货如果是长腿的呢？上市公司獐子岛的存货——2014、2017、2018 年扇贝三度上演离家出走的戏码，让投资者伤不起。

獐子岛主营业务为水产品养殖；捕捞、销售。虾夷扇贝是它的主营产品。2014 年，公司首次发生獐子岛扇贝跑路，此后公司资产负债率逐年攀升，至 2019 年 3 月该公司资产负债率高达 88.93%。表 3–8 为 2014 至 2018 年财务风险指标。

表 3–8 2014~2018 年财务风险指标

财务风险指标	2018–12–31	2017–12–31	2016–12–31	2015–12–31	2014–12–31
资产负债率（%）	87.58	89.78	75.60	79.75	76.29
流动负债 / 总负债（%）	94.94	66.16	77.66	65.13	80.49
流动比率	0.71	1.00	1.10	1.13	0.91
速动比率	0.32	0.48	0.43	0.46	0.34

2014 年扇贝跑路，导致獐子岛巨亏 11.89 亿元，理由是几十年一遇的异常冷水团，扇贝的集体大逃亡，成为 2014 年 A 股市场上最大的一起“黑天鹅事件”。

2018 年 1 月，獐子岛又发布公告称，公司目前发现部分海域的底播虾夷扇贝存货异常，可能对这部分存货计提跌价准备或核销处理，相关金额将全部计入 2017 年。毫无疑问，2017 年亏损 7.23 亿元，公司公告称由于海洋牧场遭受重大灾害，扇贝长期处于饥饿状态，日益消瘦，品质也越来越差，甚至出现大规模死亡。该公告发布后不到一个月，獐子岛就因涉嫌信息披露违法违规，被证监会立案调查。

根据 2018 的公司公告，我们看一下存货核销和计提存货跌价准备的情况。

（1）存货核销的具体情况，见表 3-9。

表 3-9　存货核销表

资产名称	面积（万亩）	账面价值（万元）	平均亩产（公斤 / 亩）	核销依据
2014 年底播虾夷扇贝	21.14	13 322.79	0.49	平均亩产过低，不足以弥补采捕成本
2015 年底播虾夷扇贝	30.42	15 788.39	0.74	平均亩产过低，不足以弥补采捕成本
2016 年底播虾夷扇贝	55.60	28 646.95	0.73	平均亩产过低，不足以弥补采捕成本
合计	107.16	57 758.13		

（2）计提存货跌价准备的具体情况，见表 3-10。

表 3-10　计提存货跌价准备

资产名称	面积（万亩）	账面价值（万元）	资产可回收金额（万元）	跌价准备金额（万元）	跌价准备依据
2015 年底播虾夷扇贝	19.10	9 912.14	6 815.48	3 096.66	可回收金额低于账面价值
2016 年底播虾夷扇贝	5.20	2 679.21	665.83	2 013.38	可回收金额低于账面价值
合计	24.30	12 591.35	7 481.31	5 110.04	

2018 年好不容易扭亏为盈赚了 3 211 万元，2019 年一季度，獐子岛亏损 4 314 万元，原因是 2018 年“扇贝跑路”。2019 年 5 月 22 日，深交所向獐子岛下发年报问询函，质疑其财务数据真实性以及经营能力，并要求其予以解释原因及合理性。

2019 年 6 月 11 日，獐子岛集团股份有限公司发布公告称，公司因涉嫌信息披露违法违规，目前正在被中国证券监督管理委员会立案调查。根据《深圳证券交易所股票上市规则（2018 年 11 月 16 日修订）》（深证上〔2018〕556 号）的有关规定，如公司存在重大违法行为，獐子岛股票可能被深圳证券交易所实施退市风险警示并暂停上市。

自古以来，农、牧、渔业确实存在靠天吃饭的现象，天气和自然灾害对农牧渔业影响巨大。洋流变动、油船泄露、疫情都会导致渔业经营状况的重大变化，巨大的不确定性是农渔业的主要特征之一。

而和其他行业相比，为何农、林、牧、渔业的业绩容易造假。首先，造假的税收成本低，一般行业要虚增收入和利润，需要缴纳相应的增值税和企业所得税，虚增业绩的成本很高。其次，农、林、牧、渔行业的经营终端分散，人工、存货都很零散，现金交易多，这增加了审计和监督的难度。再次，存货是农、林、牧、渔业资产的重要组成部分，但这个行业存货盘点的难度很大。

3.6 企业的重资产——固定资产和无形资产（研发）

我们把固定资产和无形资产放在一块讲，是因为它属于经济学上的重资产，什么是重资产？重资产对企业有哪些影响？重资产的企业好不好？

3.6.1 什么是重资产

大多数机械制造企业属于重资产企业，重资产企业是指以较大的资金投入，获得较少的利润回报，利润率较低。产品更新后需要更新生产线，资产折旧率高。

重资产的企业在资本、技术方面投入非常大，需要有雄厚的财力、物力与人力，运营模式不易被模仿，缺点也是很明显的。一是占用大量的资金，机会成本耗费大，这点容易理解，购置设备需要预付资金，设备运抵后安装调试也是个耗时的事情，因此资金被长期占用，失去其他投资机会；二是形成大量固定成本——折旧和摊销费用，一旦转产，或者资源使用不足导致大量损失的风险。典型的案例就是东北老工业区，这些工业区全部是重资产，尤其是在设备上的投入，占到资金的百分之六十七以上。随着技术的进步和设备的更新，这些企业生产的产品已经没有销路。由于利润低，维护设备的费用、员工的工资都无法支付，又何谈更新设备，生产新产品呢，于是很多工厂倒闭了。于是有了“下岗工人”这个庞大的群体。有一家国有制造企业，建于 20 世纪 90 年代初，购建厂房，购买设备，全是从银行贷款。设备是国外的，可惜这些设备在当时也不是最先进的，而是 20 世纪七八十年代的产品。设备运到国内，安装调试半年到一年多，才进入生产阶段，前期投入巨大的。不过时机不好，产品生产出来打不开销路。沉重的银行利息、员工工资、设备每年还要维护一个月，有一个月的停产期，最后维持了五六年，连原材料都没钱买，旧债加新债，最后不得不全面停产。这也是政府引导东北地区向服务行业转型原因。

三是资金投入很大，利润率较低。比如某制药行业，生产葡萄糖等产品，设备是从国外引进的，从银行贷款。投产后，产量达不到既定标准，市场上葡萄糖的价格比较稳定，利润空间很小，你能生产，我也能生产，产品没有竞争力。

四是产品不断更新，产品更新就意味着要换生产线，不换的话也要改造，设备折旧率高，新产品研发费用也高，是压在企业头上的达摩克利斯剑。

为什么股东都喜欢轻资产?

轻资产相对于重资产而言，指以较少的资金投入，获得较大的利润回报，利润率较。

轻资产又称轻资产运营模式，是指企业紧紧抓住自己的核心业务，而将非核心业务外包出去。

3.6.2 重资产与轻资产划分标准

轻资产与重资产在资产结构上的划分并没有一个很明确的数值衡量标准，如果一定要有一个明确的数值衡量，学术界主要从固定资产比率和固定资产占销售收入比重两方面衡量。

固定资产比率是指固定资产与资产总额之比。不同行业的固定资产比率存在较大差异，但固定资产比率越低企业资产才能更快地流动，从资金营运能力来看，固定资产比率越低，企业营运能力越强。

其计算公式为：

$$\text{固定资产比率} = \text{固定资产} \div \text{资产总额} \times 100\%$$

固定资产比率大于 50% 的为标准重资产，介于 30% ~ 50% 的为轻资产，小于30%为标准轻资产。

以固定资产占销售收入的比重而言，比重小于20%即属于轻资产范畴。

另外，从边际投资收益率比较轻重资产，例如A公司要增加1元的净利润需要再花费10元投入运营或购买固定资产，其边际投资收益率为10%，而B公司增加1元净利润只需要再花费1元投入运营或购买固定资产，其边际投资收益率为100%，那么可以说A是重资产公司，B为轻资产公司。

轻资产和重资产的划分主要取决于商业模式而不是所处的行业。服装行业中有些企业集设计、生产、物流、销售于一身，这就是明显的重资产商业模式，也是20世纪90年代很多刚起步服装公司的模式。而现在品牌服装公司一般都把生产、物流、分销这些重资产剥离出去，专注于核心的研发设计、品牌经营和市场推广，这就是轻资产商业模式。地产行业发展的第一阶段是投资、开发管理、设计、销售一条线，属于典型的重资产经营，现在的一些房地产将建设承包出去，仅仅负责投资、选址、设计、销售，而有些置地企业仅仅负责开发管理，这些运营模式也可以划分为轻资产行列。

规模经济模式的净资产收益率计算公式：

净资产收益率 =（收入 − 固定成本 − 变动成本）÷ 净资产

重资产运营企业要通过规模经济建立竞争优势，必须满足两个条件：第一是固定成本（投入）必须在总成本中占有很大的比例，“很大”是相对于企业在其中经营的市场规模而言。这些固定成本可能是厂房等固定资产也可能是广告等长期经营费用。第二是规模必与某种程度的客户忠诚度相结合，这样才可以把此竞争对手拒之门外。比如华为，研发与生产结合，具有高度的品牌认知度。

3.6.3 宁可多交税，也不享受固定资产加速折旧优惠的秘密

2014年、2015年财政部、国家税务总局相继颁布关于固定资产加速折旧的相关文件，折旧新政精准定位高新技术行业，尤其是中小企业。在预计受益的行业中，生物制药是最符合折旧新政的各项条件的。专家认为是，无论是上市公司还是非上市公司，执行固定资产加速折旧政策，所得税延迟缴纳，就相当于税务机关给了企业一笔无息贷款，利好所有企业。

比如，一家公司每月销售收入200万元。本期购入480万元的设备，10年摊销，每月摊销4万元。利润196万元（200−4），缴纳所得税49万元（196×25%）。如果按照折旧新政采用加速折旧法，缩短60%折旧期限，那就是4年［10×（1−60%）］提完折旧，平均每月的折旧费是10万元，利润190万元（200−10），缴纳所得税47.5万元（190×25%），少缴1.5万元税款。

但是，通过分析折旧新政执行几年来的报表数据发现，恒瑞医药、鱼跃医疗、复星医药和上海莱士等生物药品上市公司在会计上没有采取加速折旧政策，依旧采用传统的直线法。

原因何在呢？对于上市公司来说，利润指标对公司股价有着重大影响，长期亏损还有退市的风险。为此，上市公司更倾向于放弃此项税收优惠政策。由于折旧新政设定的条件比较繁杂，企业对新政策的执行成本较高，加之基层财务人员变动频繁，出错的机会较大，导致较高的税务风险，进而可能进一步增加税收成本，致使多数符合条件的上市公司最终选择了放弃执行该政策优惠。

3.7 未形成资产的项目——在建工程、开发支出

之所以把在建工程、开发支出放在一起，是因为它有共同特征，都是未形成资产的项目。

3.7.1 在建工程

根据《企业会计准则》，在建工程主要用来核算未完工的工程支出。比如正在建造中的厂房、安装调试期的设备等。

在建工程有两个特点：一是允许一部分费用项目通过在建工程进行资本化，比如贷款利息，还有一些建设施工过程中发生的零星支出，符合条件的可以一并计入在建工程；二是和固定资产相比，在建工程最大的特点是未达到使用状态，所以不需要计提折旧。

3.7.2 开发支出

根据《企业会计准则第6号——无形资产应用指南》规定：企业内部研究开发项目研究阶段的支出，应当于发生时计入当期损益；企业自行研究开发项目的支出，应当区分研究阶段支出与开发阶段支出。

开发阶段的支出，同时满足下列条件的，才能确认为无形资产：

（1）完成该无形资产以使其能够使用或出售在技术上具有可行性。

（2）具有完成该无形资产并使用或出售的意图。企业应该能够说明其开发无形资产的目的。

（3）无形资产产生经济利益的方式，包括能够证明运用该无形资产生产的产品存在市场或无形资产自身存在市场；无形资产将在内部使

用的，应当证明其有用性。

（4）有足够的技术、财务资源和其他资源支持，以完成该无形资产的开发，并有能力使用或出售该无形资产。

（5）归属于该无形资产开发阶段的支出能够可靠地计量。

研发费用如果费用化，就是进入了利润表，从利润里扣除；如果资本化处理，就是进入了资产负债表，增加资产金额，从而提高了当期的利润水平。明白这个道理，我们看一下海正药业。

海正药业——长期挂账的在建工程、研发支出

海正药业是一家集研发、生产、销售，原料药与制剂一体化，多地域发展的综合性制药企业，可以说是典型的重资产企业。海正药业在建工程的情况如下。

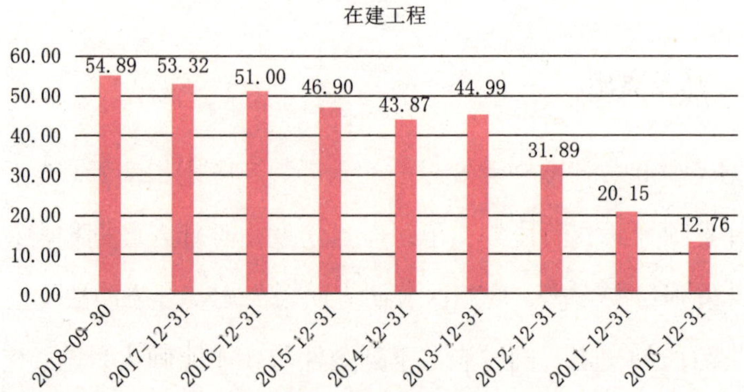

可以看出，在建工程是逐年上升的，早在2015年，就有投资者质疑在建工程的真实情况。海正药业2013年报“重大在建工程进度情况”显示，富阳年产1 500万支注射剂生产项目、新建基因药物项目、富阳制剂出口基地建设项目、外沙厂区原料药产品搬迁及结构调整技改项

目这四个项目工程进度分别为95%、95%、95%、99%。其中有两个项目均已经基本完工，另外两个项目均处于设备调试中。这也就意味着，上述四个项目后续应该不会再有大的投入，待设备调试完毕、正常运行后，就可以按照会计政策从在建工程转入固定资产。但到2015年年末，四个项目完工进度还是95%、95%、95%、99%，与2013年完全一致。2018年，“富阳制剂出口基地建设项目”工程完工进度99%，每年完工1%。

按照会计政策，在建工程延迟转为固定资产可以减少折旧成本。同时，利息可以继续资本化减少财务费用，能够虚增利润。这或许便是在建工程虽一部分已转为固定资产，但总的工程进度迟迟不能完结的主要原因。

再看研发费用资本化。一直以来，海正药业的研发费用资本化在行业内都算是一个另类。2013年到2017年，海正药业的研发投入合计约35亿元，其中资本化金额为14亿元。

正常情况下，研发费用需要取得新药证书或是生产批件才能被资本化，但海正药业资本化的起点是从临床试验和样品生产申报阶段就开始了。

资本化意味着这部分研发投入将被计做成本费用，并会在未来若干时间内摊销。但海正药业提前将被资本化的金额放入“开发支出”科目中，在一定时间内不需要折旧摊销。

公司进入开发阶段的项目支出，先在“开发支出”科目分项目进行明细核算，满足资本化条件的，在项目取得新药证书或生产批件形成无形资产时转入“无形资产”科目分项目进行明细核算。

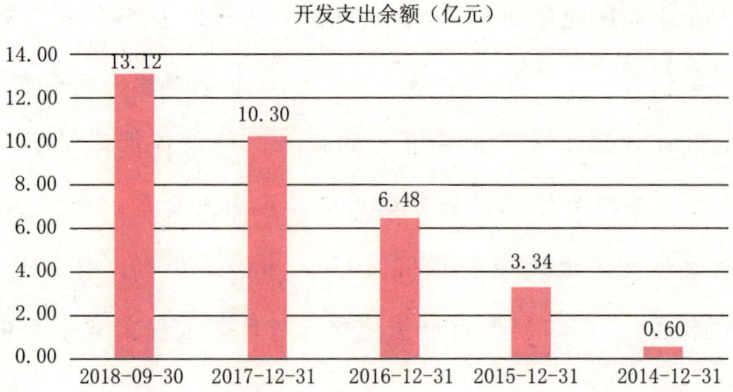

也就是说，这个开发支出的来源是研发费用资本化，这也是海正药业被广为诟病的地方。可以看到2013年至2017年，研发支出合计35亿元，其中资本化金额约14亿元，如果这些费用像恒瑞医药一样全部费用化，海正药业这几年将大幅亏损。可以明显看到，资本化金额从2015年大幅增长，为什么呢？因为从2015年开始，海正药业归属于母公司扣除非净利润开始亏损。

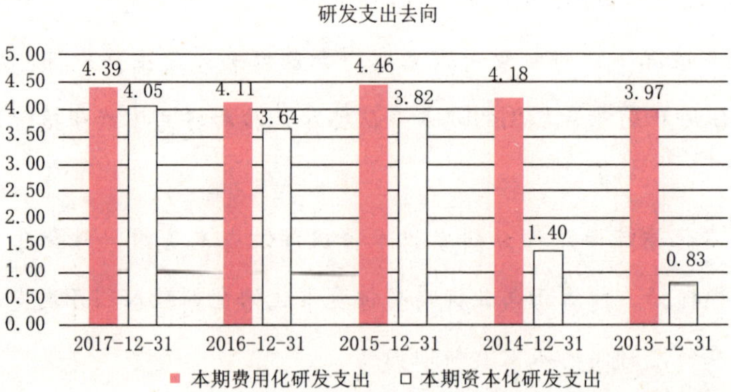

如果按照13亿元无形资产，5年摊销的话，2018年海正药业需要新增2.6亿元的亏损。这就是海正药业研发支出，不转成无形资产也不摊销的原因。

海正药业的真实业绩情况或许比年报所呈现的更为惨淡。以研发费用为例，2018 年这项支出为 10.34 亿元，研发资本化比例较高，为 51.4%。资本化意味着这部分研发投入将被计做成本费用，并会在未来若干时间内摊销。

不同于其他药企取得新药证书，或是生产批件才开始资本化，海正药业在临床试验和样品生产申报阶段，就对满足条件的项目进行明细核算，提前将被资本化的金额放入“开发支出”科目中，在一定时间内免去了折旧摊销，若按正常的研发费用化程序进行，海正药业可能因连年亏损被“戴帽”。

2018 年财报显示，其归属母公司净利润与扣除非经常损益的净利润分别亏损 4.92 亿元、6.12 亿元。在业绩颓势之下，海正药业近期公开挂牌出售旗下闲置房产。

总之，作为一个谨慎的投资者来说，要投资一个企业，至少连续看 5 年以上的财报，才能看出端倪，避免损失。

3.8 商誉带来的雷

2019 年 1 月底，很多上市公司由于计提了商誉减值准备，大幅下调业绩预期，导致业绩大幅低于之前预期，有些上市公司直接就是亏损，股价自然下跌。那么什么是商誉，为什么要计提商誉减值准备？

3.8.1 商誉不是无形资产

很多人认为，商誉看不到，摸不着，是无形资产。但在资产负债表中，商誉是和无形资产一块列在资产类项目中的。商誉是企业并购重组中出现的，指的是企业收购价格超出重估后被收购企业净资产的部分。简单地说，就是甲公司收购乙公司，乙公司要价 200 万元，但乙公司账面只有 100 万元，那么多出的 100 万元，就是商誉。乙公司说自己是个风口企业，未来有很多增值的机会。什么是风口企业呢？风口企业是指成长快速、有话题、有预期，普通被市场看好的未来有爆发力的企业。于是，甲公司花了 200 万元收购了乙公司。商誉所占比重为（200−100）÷200×100%=50%。不久，甲公司发现乙公司并未增值，相反还减值了。由于商誉本身不会直接产生收益，计入财报的商誉在收购业绩不达标时，就要计提风险减值准备金。

3.8.2 什么时候计提商誉减值准备

根据《会计监管风险提示第 8 号——商誉减值》规定，上市公司应当至少在每年年度终了对商誉进行减值测试，并且公司应当在资产负债表日判断是否存在可能发生资产减值的迹象，其中包括“现金流或经营利润持续恶化或明显低于形成商誉时的预期，特别是被收购方未实现承诺的业绩”。

2019 年，部分上市公司采用一次性计提大额商誉减值的办法，导致当年亏损。根据《企业会计准则》规定，企业必须每年检视商誉的经济价值是否已经减损。依然有价值的商誉，可在不超过 40 年的限制下，逐年摊提为销售费用。

既然商誉减值可以分那么多年分摊，为什么上市公司会一次性计提？这源于中国证监会颁布《亏损公司暂停上市和终止上市实施办法》，规定连续 3 年亏损的上市公司将暂停上市。所以上市公司宁愿一次性带来巨额亏损，也要避免之后由于商誉摊销而带来的连续亏损，降低退市风险。

3.8.3 警惕商誉估值过高的企业

由于前几年非理性并购，导致企业商誉畸高。表 3–11 为商誉占比较高的企业。

表 3–11　商誉占比较高的上市公司汇总

序　号	股票名称	股票代码	商誉（2018 三季报，亿元）	总市值（亿元）	商誉 / 总市值
1	海航科技	600751	154.16	76.31	202%
2	*ST 富控	600634	25.78	15.31	168%
3	天神娱乐	002354	65.35	44.74	146%
4	联建光电	300269	38.43	33.63	114%
5	曲美家居	603818	36.70	32.33	114%
6	ST 中南	002445	23.87	23.95	100%
7	顺利办	000606	42.69	42.96	99%
8	维格娜丝	603518	25.26	25.57	99%
9	长园集团	600525	54.45	56.83	96%
10	当代明诚	600136	37.69	39.22	96%

这些企业商誉占市值 90% 以上，甚至有些占到 200% 以上，显然是十分危险的。这么高的商誉，底气从何而来？因为你不可口可乐、你不是苹果、你不是阿里巴巴，你没有世界级的产品，投资者应警惕这些公司的股票。即使是阿里巴巴、Facebook 等公司的商誉占净资产的比重还不到 40%，宝洁高一些，商誉占净资产的比重达到 70%。所以投

资者还要做一下对比，避免损失。

3.9 哪些项目放在其他流动资产中

资产负债表上的其他流动资产，是指除货币资金、应收票据、应收账款、其他应收款、存货等流动资产以外的流动资产。那么哪些资产会挂在其他流动资产中呢？

一般情况下，企业的其他流动资产包括以下内容：

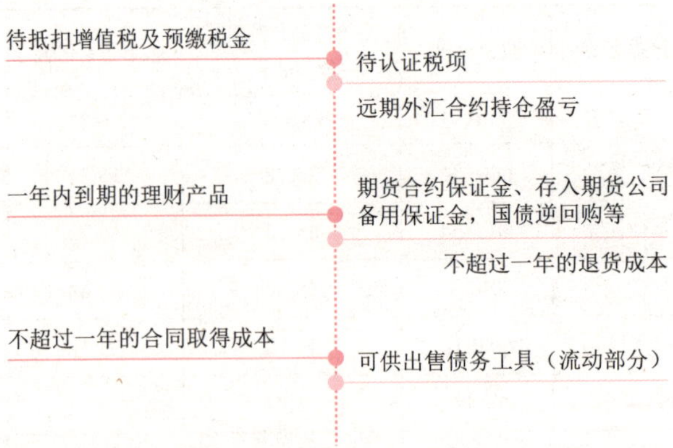

图 3-6 为万科公司其他流动资产项目明细。

其他流动资产

本集团的其他流动资产主要为合同取得成本和待抵扣增值税。

项目	2018 年 12 月 31 日	2018 年 1 月 1 日	2017 年 12 月 31 日
合同取得成本	3,923,391,567.34	3,063,941,783.72	-
待抵扣增值税	9,964,265,842.67	4,701,550,319.97	4,701,550,319.97
其他	700,000,000.00	511,833,499.95	721,893,499.95
合计	14,587,657,410.01	8,277,325,603.64	5,423,443,819.92

图 3-6　万科公司其他流动资产项目明细

图 3-7 为万科公司合同取得成本变动明细，关于合同取得成本——

佣金的会计处理有详细描述。

合同取得成本本年变动：

	佣金支出
年初余额	3,063,941,783.72
本年增加	3,106,847,243.52
本年摊销	(2,401,188,014.47)
合并范围变化	153,790,554.57
年末余额	3,923,391,567.34

本集团为签订商品房销售合同而支付给销售代理机构的佣金可以被销售对价覆盖，因此，本集团将相关金额资本化确认为合同取得成本，在相关收入确认时进行摊销。2017 年，这些佣金支出在发生时被确认为销售费用。

图 3-7　万科公司合同取得成本变动明细

万科公司是在境内与境外同时上市的企业，严格遵照财政部公布的《企业会计准则第 14 号——收入》(财会〔2017〕22 号)(以下简称“新收入准则”)。新收入准则修订主要是为了与 2014 年 5 月发布的《国际财务报告准则第 15 号——客户合同收入》(IFRS 15）保持趋同。新收入准则执行时间如下：

“其他流动资产”科目比较杂，《企业会计准则》的规定得很明确，按照规定照做就可以。

第 4 章 负债主要项目分析

企业资金来源之一就是负债，从银行贷款，银行要考查企业哪些事项；欠供应商或其他人的钱，通过对负债主要项目分析，有助于了解负债的结构，负债占比等。

4.1 如何能贷到款

企业筹集资金除了股东投入资金外，就是找银行贷款了。银行如何能放款给你？这是企业比较头痛的一件事。

4.1.1 衡量企业短期还债能力的指标——流动比率

银行作为债权人，关注的是资金的安全，银行关心的是借出的钱能否平安归来。一个企业有没有流动性是债权人最关心的。一年或一个营业周期内，企业欠供应商的钱和借银行的钱能不能还上，用什么还？债权人看债务人的资产负债表，看的是否有充实的资产。但账上的钱不一定是用来还账的。企业要维持正常的经营，要付出相应的成本。

流动比率是债权人要计算一个重要指标。

一年或一个营业周期内能变现的，叫做流动资产。流动比率是流动资产与流动负债进行比较的结果，它是分析短期偿债能力的指标。

流动比率表明每 1 元流动负债有多少流动资产作为保障，流动比率越大通常短期偿债能力越强。一般认为，生产企业合理的最低流动比率大于 1。需要说明了的是，流动比率高不意味着短期偿债能力一定很强；计算出来的流动比率，只有和同行业平均流动比率、本企业历史流动比率进行比较，才能知道这个比率是高还是低。

流动资产包括货币资金、交易性金融资产和各种应收、预付款项、存货、一年内到期的非流动资产、其他流动资产。

流动负债主要包括短期借款、应付票据、应付账款、预收账款、应付职工薪酬、应付股利、应交税金、其他暂收应付款项和一年内到期的短期借款等。

计算公式如下：

流动比率（相对数）= 流动资产 ÷ 流动负债

（1）比率越高，说明企业偿还流动负债的能力越强，流动负债得到保障越大。

（2）过高的流动比率也并非好现象，因为流动比率过高，可能是企业滞留在流动资产上的资金过多，会影响企业的获利能力。

4.1.2 衡量企业长期还债能力的指标：资产负债率、利息保障倍数

衡量企业长期还债能力的两个指标：资产负债率、利息保障倍数（又称已获利息保障倍数）。

1. 资产负债率

向银行借钱是不容易的，尤其是重资产的企业，借钱是一件辛苦的事。比如航空公司买飞机，大家都知道设备落地打八折，并且所有的设备都会受技术的影响而贬值。进口设备还要考虑汇率，汇率是变动的，风险也是很大的。银行要考查企业的资产负债率，资产负债率是企业负债总额与资产总额的比率，也称负债率。它反映企业的资产总额中有多少是通过举债获得的资产。

从积极的角度来看，资产负债率普遍偏低表明公司的财务成本较低，风险较小，偿债能力强，经营较为稳健，对于投资行为的态度比较慎重。但是，也有专业人士认为，资产负债率的普遍偏低说明企业的经营趋于谨慎。从会计的角度来看，资产负债率过低或过高均属不太正常，如果过低则表明企业的经营非常保守或对于自己的行业看淡。一般情况下，欧美国家的资产负债率是 55% 左右，日本、韩国则为 75%。

资产负债率 = 负债总额 ÷ 资产总额 ×100%

现在很多企业资产负债率高达 80% 以上，风险很高，很难借到钱。

2. 利息保障倍数

利息保障倍数是银行要考查的另一个指标，计算公式如下：

利息保障倍数 =（净利润 + 所得税 + 利息费用）÷ 利息费用

利息保障倍数 =（净利润 + 所得税 + 利息费用）÷ 利息费用

= 息税前利润 ÷ 利息费用

公式中利息费用包括企业本期发生的全部利息，包括财务费用中的利息和计入固定资产成本的资本化利息。息税前利润是指企业支付利息和缴纳所得税之前的利润，可以用“利润总额加利息费用”来计算。

根据下列数据，计算利息保障倍数。

利润表	2017年报（百万元）	2016年报（百万元）	2015年报（百万元）
• 利息费用	• 74 059.00	• 54 708.00	• 65 692.00
• 利润总额	• 30 157.00	• 29 935.00	• 28 846.00

根据公式：

2017 年利息保障倍数 = 息税前利润 ÷ 利息费用

=（利润总额 + 利息费用）÷ 利息费用

=（30 157.00 +74 059）÷ 74 059

=1.41

2016 年利息保障倍数 =（29 935.00 +54 708）÷ 54 708

=1.55

2015 年利息保障倍数 =（28 846.00 +65 692）÷ 65 692

=1.44

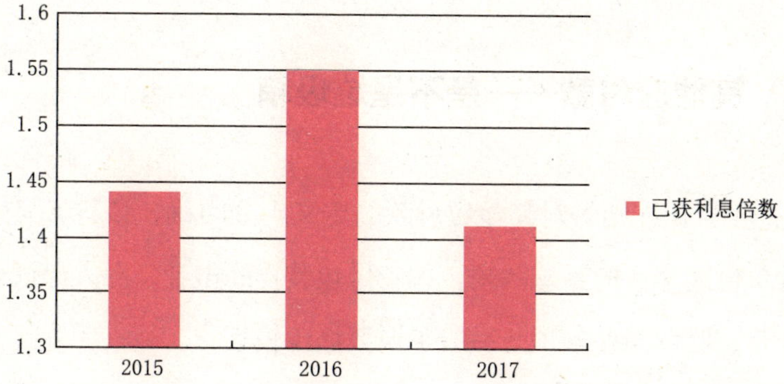

有时计算出来的利息保障倍数是负的，这表示它只有存款利息收入，所以没必要计算利息保障倍数。在没有利息费用的情况下，利息保障倍数的意义在于考查企业的利润对于企业利息负担的保障程度。

利息保障倍数不仅反映了企业获利能力的大小，而且反映了获利能力对偿还到期债务的保证程度，它既是企业举债经营的前提依据，也是衡量企业长期偿债能力大小的重要标志。要维持正常偿债能力，利息保障倍数至少应大于 1，且比值越高，企业长期偿债能力越强。如果利息保障倍数过低，企业将面临亏损、偿债的安全性与稳定性下降的风险。

为了考察企业偿付利息能力的稳定性，一般应计算 5 年或 5 年以上的利息保障倍数。保守起见，应选择 5 年中最低的利息保障倍数值作为基本的利息偿付能力指标。

关于该指标的计算，须注意以下几点：

1. 根据利润表对企业偿还债务的能力进行分析，作为利息支付保障的“分子”，只应该包括经常收益
2. 特别项目（如：火灾损失等）、停止经营、会计政策变更的累计影响
3. 利息费用不仅包括作为当期费用反映的利息费用，还应包括资本化的利息费用

4.2 其他应付款——是不是垃圾箱

《企业会计准则》对其他应付款的定义十分明确，该科目只核算其他应付单位或个人的零星款项，如应付包装物的租金、存入保证金，或应付合营、联营企业款项，一般来说数额比较小。

4.2.1 其他应付款都核算哪些业务

其他应付款具体包括以下内容：

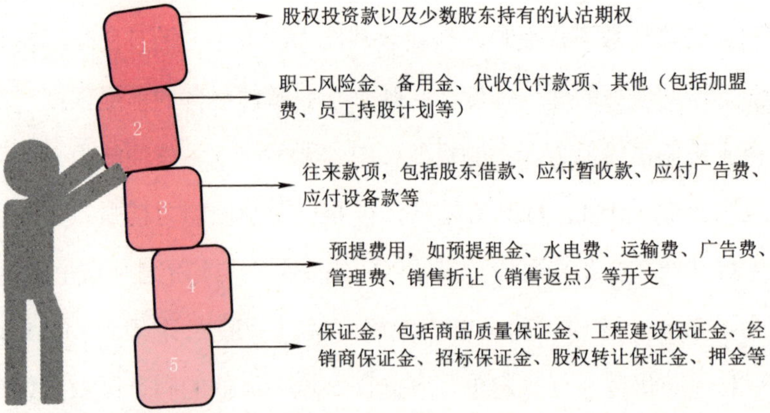

财政部发布财会〔2019〕6号《关于修订印发2019年度一般企业财务报表格式的通知》，把应付股利、应付利息项目合并到其他应付款中。表4-1为万科2018年年报会计附注中披露的其他应付款具体内容。

表4-1 其他应付款分类

	2018年12月31日	2018年1月1日至2017年12月31日
应付利息	1 463 669 944.73	995 144 331.41

续上表

	2018 年 12 月 31 日	2018 年 1 月 1 日至 2017 年 12 月 31 日
应付股利	453 153 103.08	473 722 493.61
其他项目	225 514 392 272.12	182 413 080 404.75
合计	227 431 215 319.93	183 881 947 229.77

表 4–2 为万科公司 2018 年年报中披露的其他应付款的“其他项目”明细。

表 4–2　其他应付款“其他项目”明细

	2018 年 12 月 31 日	2018 年 1 月 1 日至 2017 年 12 月 31 日
应付合营 / 联营企业款	83 563 946 838.56	67 233 600 933.21
应付股权款与合作公司往来及其他	110 599 612 314.52	92 304 333 834.85
土地增值税清算准备金	21 986 618 340.18	16 187 138 391.82
押金及保证金	3 173 112 962.76	2 534 643 484.22
代收款	2 215 166 346.25	1 954 297 366.16
购房意向金	3 975 935 469.85	2 199 066 394.49
合计	225 514 392 272.12	182 413 080 404.75

4.2.2 其他应付款为什么是税务部门重点排查的科目

其他应付款本是一个不起眼的小科目，名次也是排在应付账款下面的，金额也应不会超过应付账款，但却是税务部门重点排查的科目。

概括地说，其他应付款有这么几项用处：

1. 隐匿收入

其他应付款通常应当在一个营业周期内偿还，若企业存在其他应付款长期挂账的现象，就有可能隐匿收入。

有些企业收取的逾期未退的包装物押金，不结转收入。因为按照税法的规定，对逾期未收取的包装物不需再退还的和已收取一年以上的押金，应并入应税货物的销售额，征收增值税等相关税金，收取的押金扣减相关税金后的差额应转入其他业务收入科目核算。

2. 少记收入

有些企业将供货方给予的销售返利、折扣等款项计入其他应付款，造成其他应付款的虚列，达到少缴纳税款的目的。

3. 不冲减成本

有些企业将存货的盘亏等非正常损失直接冲减其他应付款，从而少缴纳增值税。因为按照税法的规定，损失应调减相关成本，同时应将这部分损失所对应的增值税进项税额转出处理。

如果其他应付款金额高于应收账款好多年，这个公司不用查，一定是有不可说的秘密了。

4.3 企业交了哪些税

负债有个重要的科目——应交税费，主要核算应该上交的各种税费，主要有增值税、企业所得税、消费税、个人所得税、房产税、城建税及教育费附加等。“应交税费”属于负债项下的会计科目，产生应缴税时计入本科目的贷方，支付税款时计入本科目的借方。期末贷方余额，反映企业尚未交纳的税费；期末如为借方余额，反映企业多交或尚未抵扣的税费。

4.3.1 如何看懂财报中的应交税费科目

财报中没有直接披露企业当年的应缴税费，但通过财报中披露的“应交税费”明细及已缴税费金额，使用下列公式就可以计算出企业整体或一些税种的应纳税额或已缴税额。

本年应纳税额 = 应缴税年末余额 − 应缴税费年初余额 + 本年已支付的税费额

根据《财政部关于印发〈增值税会计处理规定〉的通知》(财会〔2016〕22 号),“应交税费”科目下的“应交增值税”“未交增值税”“待抵扣进项税额”“待认证进项税额”“增值税留抵税额”等明细科目期末借方余额应根据情况，在资产负债表中的“其他流动资产”或“其他非流动资产”项目列示；“应交税费——待转销项税额”等科目期末贷方余额应根据情况，在资产负债表中的“其他流动负债”或“其他非流动负债”项目列示；“应交税费”科目下的“未交增值税”“简易计税”“转让金融商品应交增值税”“代扣代交增值税”等科目期末贷方余额应在资产负债表中的“应交税费”项目列示。

所以，企业的“应交税费”年末一般不能为负数。在财政部会计司发布的《增值税账务处理规定》之前，因对应交税费负数情况没有严格规定，所以有些企业会将留抵税额作为负数在资产负债表中列报。这样就会出现“应交税费”年末为负数的情形。

4.3.2 企业应交税费的披露

“应交税费”的期初、期末余额列示在资产负债表及附注中；“税金及附加”和“所得税费用”的当期金额列示在利润表及附注中；本年已支付的税费额列示在现金流量表中。

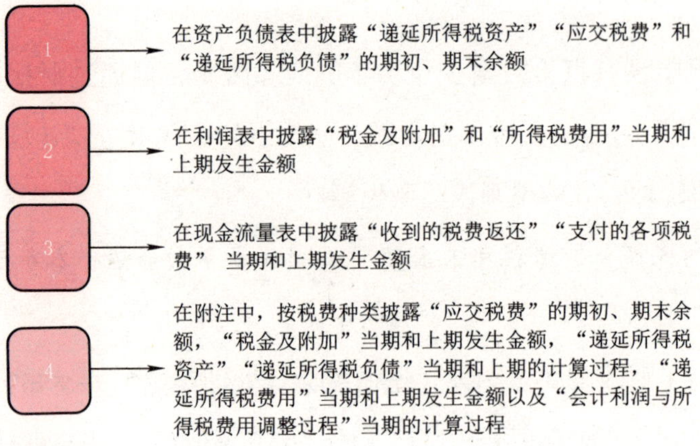

1. 增值税

增值税是价外税，税率目前在 13%、11% 和 6% 等。企业一般按月缴纳，年报是期末余额，基本是 12 月份应交的税额。

小规模纳税人由于财务不健全，采取 3% 征收率计算应纳税额。

2. 企业所得税

企业所得税是对企业所得征收的一种税，一般按季度预缴，次年初汇算清缴，也就是说年报应交税费中的企业所得税并非企业当年发生额。如五粮液 2018 年年报企业所有税期末余额为 2 203 429 719.44 元，见表 4-3；再看看所得税费用表，见表 4-4，4 568 172 529.72 元才是全年应交的所得税。

表 4-3　应交税费

单位：元

项　　目	期末余额	期初余额
增值税	1 070 214 491.06	503 488 773.24
消费税	1 641 542 786.19	1 108 473 905.65
企业所得税	2 203 429 719.44	931 228 114.50

续上表

项　　目	期末余额	期初余额
个人所得税	14 016 111.56	8 161 410.00
城市维护建设税	86 843 135.42	52 561 238.68
房产税	275 085.16	804 656.32
印花税	864 554.47	573 941.21
土地使用税	693 496.77	1 617 496.77
教育费附加	37 344 381.88	22 704 895.11
地方教育附加	24 901 353.38	15 111 531.11
环境保护税	10 382.41	
合计	5 080 135 497.74	2 644 725 962.59

表 4-4　所得税费用表

单位：元

项　　目	期末余额	期初余额
当期所得税费用	4 760 159 182.00	3 367 595 199.50
递延所得税费用	−191 986 652.28	−61 876 220.62
合计	4 568 172 529.72	3 305 718 978.88

3. 个人所得税

2018 年 8 月 31 日，关于修改《个人所得税法》的决定经十三届全国人大常委会第五次会议表决通过。起征点确定为每月 5 000 元。新的《个人所得税法》规定：居民个人的综合所得，以每一纳税年度的收入额减除费用 60 000 元以及专项扣除、专项附加扣除和依法确定的其他扣除后的余额，为应纳税所得额。专项附加扣除包括：子女教育、继续教育、大病医疗、住房贷款利息、住房租金、赡养老人等。个人所得税由供职企业代扣代缴。

4. 消费税

消费税主要是对应税消费品征收的一种税，范围主要为烟酒、化妆品、小汽车、奢侈品等，最终承担人是消费者。消费税一般称为价内税（内在价格的一部分，含在公司的销售收入中）。消费税与增值税的计税基础是一致的，都是含消费税不含增值税的金额乘以适用的税率。

5. 房产税

房产税主要是对房屋征收的一种税，目前主要有公司自有用于生产经营的房产、房企自用及出租的房产、个人出租房屋、个人购置房产（部分试点）。

6. 城建税及教育费附加

2018 年 10 月 19 日，财政部、国家税务总局起草《中华人民共和国城市维护建设税法（征求意见稿）》规定，在中华人民共和国境内缴纳增值税、消费税的单位和个人，为城市维护建设税的纳税人，应当依照本法规定缴纳城市维护建设税。

这部分是在增值税、消费税的基础上按比例征收的税费，一般为城建税 7%，教育费附加 3%，地方教育费附加 2%。表 4-5 是五粮液应交税费列示。

表 4-5 应交税费

单位：元

项　目	期末余额	期初余额
增值税	1 070 214 491.06	503 488 773.24
消费税	1 641 542 786.19	1 108 473 905.65
企业所得税	2 203 429 719.44	931 228 114.50
个人所得税	14 016 111.56	8 161 410.00
城市维护建设税	86 843 135.42	52 561 238.68
房产税	275 085.16	804 656.32
印花税	864 554.47	573 941.21
土地使用税	693 496.77	1 617 496.77

续上表

项　　目	期末余额	期初余额
教育费附加	37 344 381.88	22 704 895.11
地方教育附加	24 901 353.38	15 111 531.11
环境保护税	10 382.41	
合计	5 080 135 497.74	2 644 725 962.59

其他说明：
本公司的各项税费以税务机关的核定征收金额为准。

我们可以在财报的附注中了解企业享受的税收优惠、合并报表各主体的企业所得税税率、预缴税款、增值税留抵税额、待抵扣进项税额等税收信息。

第 5 章
股东权益重要项目分析

股东权益包括：股东原始投资和利润积累，上市公司还包括库存股。

5.1 股权质押——是谁在淘空上市公司

根据世界上大多数国家有关担保法律制度的规定，质押以其标的物为标准，可分为动产质押和权利质押。股权质押就属于权利质押的一种。因设立股权质押而使债权人取得对质押股权的担保物权，为股权质押。当出质人到期不能按协议还钱时，质权人可以依照约定就股份折价受偿，或将该股份出售而就其所得价金优先受偿的一种担保方式。

5.1.1 股权质押的流程

一般来说，金融机构都会设定一个安全线，只要不跌破安全线，理论上借款方的资金就是安全的，而如果跌破，那么可能就要面临追加或者强制平仓。

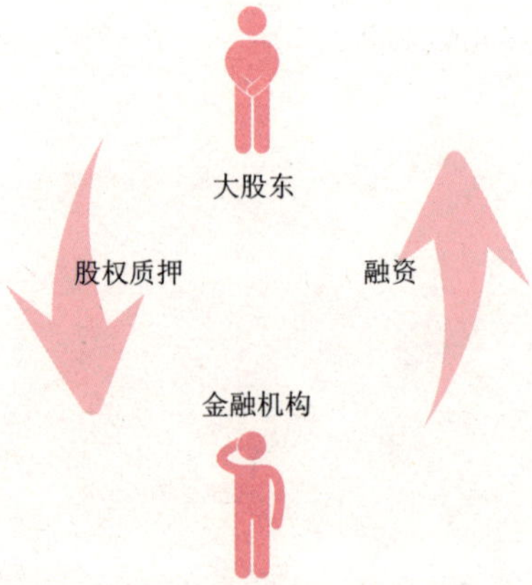

通俗地说，就是公司股东缺钱时，将自己持有的股份在一定期限内质押给金融机构，如证券公司、银行等，从而获得贷款。

5.1.2 警戒线和平仓线

金融机构会评估股票的市值，比如公司股东质押市值 10 亿元的股份，金融机构可能只给 5 亿元的贷款，这就有了质押率的概念，本次质押率 50%，也就是 5×10=50%。

那如果该公司股价一直下跌，质押的股份市值缩水，金融机构也就会面临亏损的风险，为此，金融机构还设定了警戒线和平仓线这两个指标。

设定预警线和平仓线，一般为 160% 和 140%。质押股票的市值达到预警线的，融入方需要补仓；而达到平仓线时，若融入方无力补仓和回购的，融出方将有权强行平仓。

预警线 = 质押时股价 × 质押率 ×（1+ 综合融资成本率）×160%

平仓线 = 质押时股价 × 质押率 ×（1+ 综合融资成本率）×140%

假设综合融资成本率为 10%，质押率 40% 时，根据图 5-1，计算预警线价格、平仓线价位是多少？

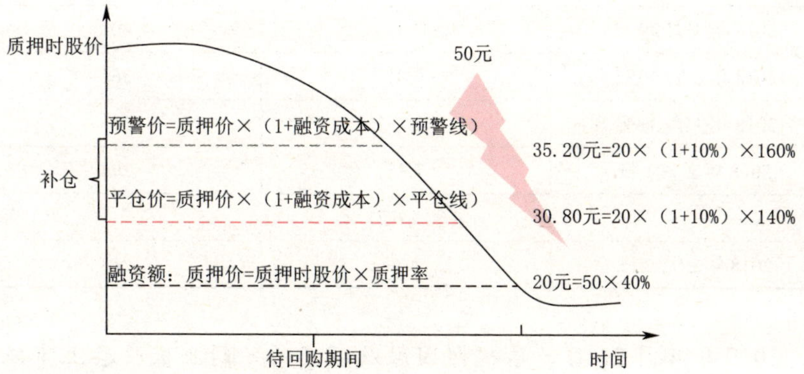

图 5-1　强制平仓危机示意图

大股东股权质押爆仓连累乐视网退市

股权质押爆仓轰动最大的事件是乐视网股东贾跃亭，作为乐视网第一大股东的贾跃亭持有的10.24亿股中，从2014年至2015年已有10.19亿股陆续质押给金融机构，占总股本的25.67%。截至2018年3月1日，贾跃亭所有股票质押式回购交易已触及协议约定的平仓线，且贾跃亭所有股票质押式回购交易均已违约。股价不断下跌，股票质押引发强行平仓。2018年股权质押警报表，见表5–1，设定警戒线为170%，平仓线为150%。

表5–1 股权质押警报表

日 期	乐视股价（元）	乐视市值（亿元）
2018年1月24日	13.8	550
2018年1月24日	12.42	495
警戒线11.51元		
2018年1月26日	11.18	446
平仓线10.15元		
2018年1月29日	10.06	401
2018年1月30日	9.05	361
2018年1月31日	8.15	325
2018年2月1日	7.33	293
爆仓线6.77元		
2018年2月2日	6.6	263

2019年4月26日，乐视网因触及深交所《创业板股票上市规则（2018年11月修订）》规定的暂停上市情形。公司股票将自4月26日开市起停牌，5月13日深交所暂停乐视网股票上市。此外，乐视还因

涉嫌信息披露违法违规正被中国证券监督管理委员会立案调查，若调查结果公司存在违法行为触及重大信息披露违法等强制退市情形，公司股票可能存在终止上市的风险。

同时，乐视网及第一大股东贾跃亭收到证监会《调查通知书》，因公司及贾跃亭涉嫌信息披露违法违规等行为，决定对公司及贾跃亭立案调查。

5.2 查看企业资产质量的几个指标

衡量资产质量的指标包括股东权益与固定资产比率、股东权益比率、产权比率、权益乘数、利息支付倍数和利息保障倍数。利息保障倍数在前文已介绍，本节不再赘述。

5.2.1 股东权益与固定资产比率

股东权益与固定资产比率是衡量公司财务结构稳定性的一个指标，它是股东权益除以固定资产总额的比率，用公式表示为：

$$股东权益与固定资产比率 = 股东权益总额 \div 固定资产总额 \times 100\%$$

股东权益又称净资产，是指公司总资产扣除负债所余下的部分，股东权益是股本、资本公积、盈余公积、未分配利润之和，代表了股东对企业的所有权，反映了股东在企业资产中享有的经济利益。

固定资产是指企业使用期限超过 1 年的房屋、建筑物、机器、机械、运输工具以及其他与生产、经营有关的设备、器具、工具等。不属于生产经营主要设备的物品，单位价值在 2 000 元以上，并且使用年限超过 2 年的，也应当作为固定资产。

固定资产可以按其经济用途、使用情况、产权归属、实物形态和使用期限进行分类核算：

①按经济用途分为生产经营用和非生产经营用两类；

②按使用情况分为使用中、未使用、不需用三类；

③按产权归属分为自有、接受投资和租入等；

④按实物形态分为房屋及建筑物、机器设备、电子设备、运输设备及其他设备五大类；

⑤按固定资产最短使用期限分为 5 年、10 年、20 年等。

股东权益与固定资产比率反映了购买固定资产所需要的资金有多大比例是来自于所有者资本的。

这个比率若小于 1，表示企业购置固定资产所需资金全部来自股东，公司比较稳健。若比率大于 1，表示企业购置固定资产所需资金有一部分来自债权人，公司经营较不稳健。固定资产对股东权益比率除可用以测试企业的偿债能力外，也可显示企业固定资产投资是否适当，企业是否有短期资金长期使用之下所暴露的财务风险。

5.2.2 股东权益比率

股东权益比率也叫净资产比率，是股东权益总额与资产总额比率。该比率反映企业资产中有多少是所有者投入的。股东权益比率应当适中。如果权益比率过小，表明企业过度负债，容易削弱公司抵御外部冲击的能力；而权益比率过大，意味着企业没有积极地利用财务杠杆作用来扩大经营规模。

股东权益比率计算公式如下：

$$股东权益比率=股东权益总额\div资产总额\times100\%$$

公式中的“股东权益总额”即资产负债表中的所有者权益总额，因为资产总额等于负债总额加股东权益总额，因此，负债比率加股东权益比率等于 100%。

股东权益比率反映了企业基本财务结构是否稳定，一般来讲，股东权益比率越大越好，但也须具体问题具体分析。对于股东来讲，通货膨胀加剧时期，企业多借债可以把损失和风险转嫁给债权人；在经济繁荣时期，多借债可以获得额外的利润。在经济衰退时期，较高的股东权益比率可以减少利息负担和财务风险。

以下为某上市公司部分数据。

资产负债表	2017年报（百万元）	2016年报（百万元）	2015年报（百万元）
• 负债总额	• 148 133.20	• 127 421.84	• 113 131.41
• 股东权益总额	• 66 834.80	• 54 952.16	• 48 566.61

2017 年股东权益比率 = 股东权益总额 ÷ 负债总额 × 100%

=66 834.80 ÷ 148 133.20 × 100%

=45.12%

2016 年股东权益比率 =54 952.16 ÷ 127 421.84 × 100%=43.13%

2015 年股东权益比率 =48 566.61 ÷ 113 131.41 × 100%=42.93%

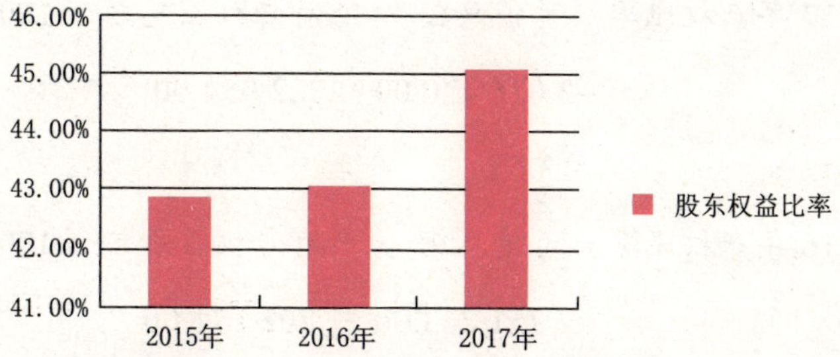

5.2.3 产权比率

产权比率也称负债对所有者权益的比率，指企业负债总额与所有者权益总额的比率。这一比率是衡量企业长期偿债能力的指标之一。

产权比率＝负债总额 ÷ 所有者权益总额 ×100%

图 5-2 为平安银行近几年的产权比率图。

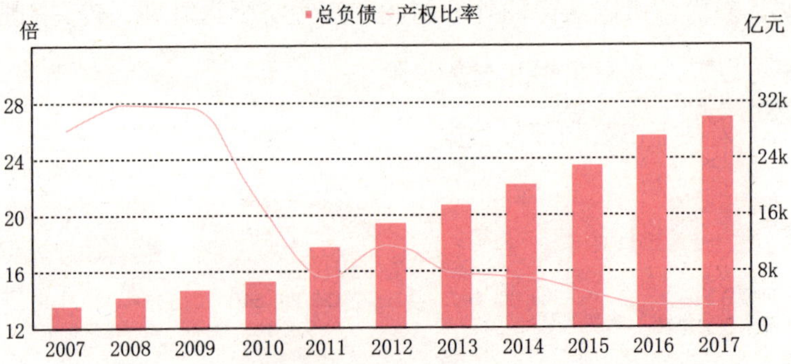

图 5-2 产权比率透视图

根据以下资料，计算产权比率。

资产负债表	2017年报（百万元）	2016年报（百万元）	2015年报（百万元）
• 负债总额 • 所有者权益总额	• 3 026 420.00 • 222 054.00	• 2 751 263.00 • 202 171.00	• 2 345 649.00 • 161 500.00

2017 年产权比率＝负债总额 ÷ 所有者权益总额 ×100%

＝3 026 420.00 ÷ 222 054.00

＝13.63

2016 年产权比率＝负债总额 ÷ 所有者权益总额 ×100%

＝2 751 263.00 ÷ 202 171.00

＝13.61

2015 年产权比率 = 负债总额 ÷ 所有者权益总额 ×100%

=2 345 649.00 ÷ 161 500.00

=14.52

产权比率用来表明债权人提供的资金和由投资人提供的资金比率关系，反映企业基本财务结构是否稳定。一般来说，所有者提供的资本大于借入资本为好。这一指标越低，表明企业的长期偿债能力越强，债权人权益的保障程度越高，承担的风险越小。该指标同时也表明债权人的资本受到所有者权益保障的程度，或者说是企业清算时对债权人利益的保障程度。

从财务风险的角度来看，当然是债务承担得越少越好，也就是产权比率越低越好。但是在企业盈利的情况下，过于保守的举债措施会使企业错过利用财务杠杆获取更大收益的机会。所以在评估产权比率指标是否合适的时候，需要在提高获利能力与增强偿债能力两个方面综合进行，即在保证债务可以顺利清偿的前提下，尽量提高产权比率，充分利用财务杠杆的作用。

5.2.4 权益乘数

权益乘数又称股本乘数，是指资产总额相当于股东权益的倍数。表示企业的负债程度，权益乘数越大，企业负债程度越高。

权益乘数 = 资产总额 ÷ 股东权益总额 ×100%

因为资产、负债和股东权益存在等量关系，所以权益乘数还可以被分解为：

权益乘数 =（股东权益总额 + 负债总额）÷ 股东权益总额 ×100%

=1+ 产权比率

=1÷（1− 资产负债率）

这两个指标，一个是承担债务，一个是享有资产。

根据权益乘数的公式，在股东权益既定的情况下，债务的减少导致资产总和的减少，权益乘数也越小，可见这两个指标呈现同方向的变化。所以，产权比率提高必然使权益乘数增大，这两个指标值大说明资产中负债的份额大，负债程度高；反之，说明负债程度低，债权人的权益受保护程度高。

以格力电器资产负债率为例，计算权益乘数。

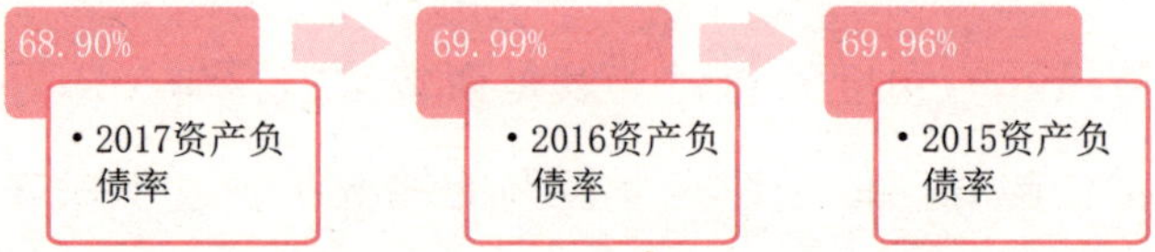

2017 年权益乘数 =1÷（1− 资产负债率）

=1÷（1−68.90%）

=3.215

2016 年权益乘数 =1÷（1−69.99%）

=3.332

2015 年权益乘数 =1÷（1−69.96%）

=3.328

一般来说，资产负债率降低，权益乘数减少。即负债总额在资产总额占比减少时，权益乘数减少。

权益乘数代表公司所有可供运用的总资产是业主权益的几倍。权益乘数越大，代表公司向外融资的财务杠杆倍数也越大，公司将承担较大的风险。但是，若公司营运状况刚好处于向上趋势中，较高的权益

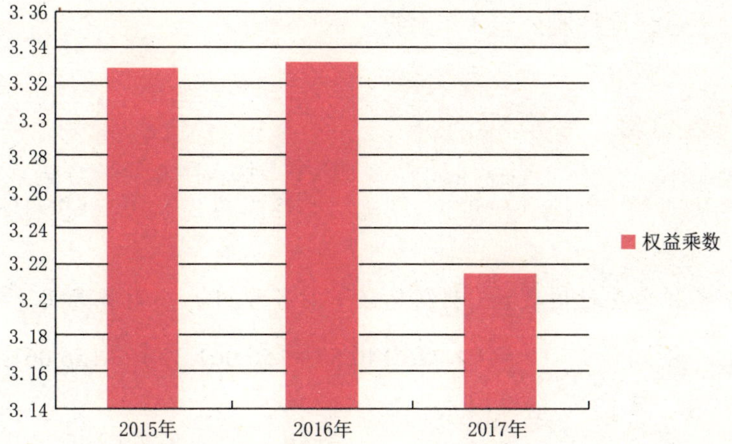

乘数反而可以创造更高的公司盈利，透过提高公司的股东权益报酬率，对公司的股票价值也会产生正面激励效果。以下几种情况都能使权益乘数变小。

5.2.5 利息支付倍数

利息支付倍数，表示息税前利润对利息费用的倍数，反映公司负债经营的财务风险程度。

公式：利息支付倍数 =（利润总额 + 财务费用）÷ 财务费用

以下是绿地控股公司 3 年财报。

利润表	2017年报（百万元）	2016年报（百万元）	2015年报（百万元）
• 利润总额	• 1 926 140. 57	• 1 444 034. 80	• 1 057 528. 07
• 财务费用	• 156 061. 37	• 278 437. 81	• 316 817. 49

2017 年利息支付倍数 =（利润总额 + 财务费用）÷ 财务费用

=（1 926 140.57 +156 061.37）÷ 156 061.37

=13.34

2016 年利息支付倍数 =（1 444 034.80 +278 437.81 ）÷ 278 437.81

=6.19

2015 年利息支付倍数 =（1 057 528.07 +316 817.49 ）÷ 316 817.49

=4.34

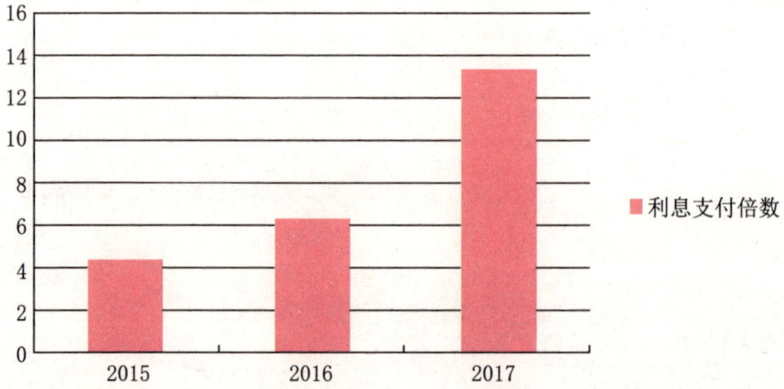

一般情况下，该指标值越大，表明公司偿付借款利息的能力越强，负债经营的财务风险就小。由于财务费用包括利息收支、汇兑损益、手续费等项目，且还存在资本化利息，所以在运用该指标分析利息偿付能力时，最好将财务费用调整为真实的利息净支出，这样反映公司的偿付利息能力最准确。

利息保障倍数越大，意味着公司可用于偿还利息的资金越多。若利息保障倍数小于 1，则表明公司的利润无法覆盖利息，面临着较大的付息、偿债压力。

第 6 章 收入类项目分析

利润表是给股东看的，经过一个营业周期，企业经营到底怎么样，需要通过收入、费用来考核。

6.1 营业周期到底有多长

还是那句话，行业不同，营业周期就不同。什么是营业周期呢，营业周期就是一个企业投入材料、生产产品，然后卖掉产品收回钱的完整过程。

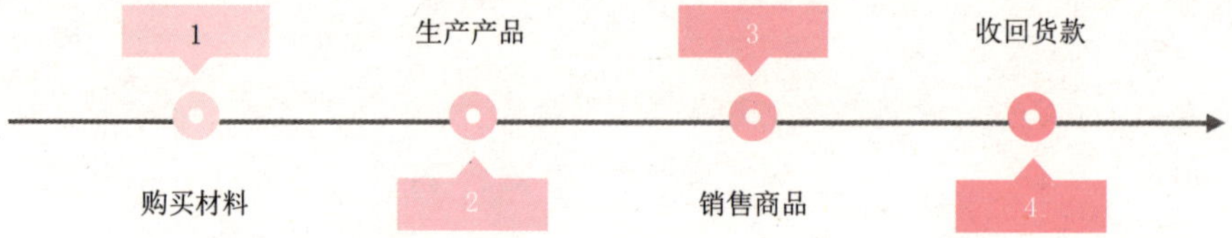

搞清楚你投资公司的营业周期很重要。研究企业利润表，要看营业周期，至少是一个营业周期的数据。房地产行业营业周期很长，至少要看两年至三年的利润表。简单地说，制造业营业周期在一年之内，120 天左右；冶金业约 90 天；矿产业约 60 天。

6.1.1 营业周期的长短取决于哪些因素

财务管理理论认为，营业周期的长短取决于存货周转天数和应收账款周转天数。

营业周期计算公式：

营业周期 = 存货周转天数 + 应收账款周转天数

一般情况下，营业周期短，说明资金周转速度快；营业周期长，说明资金周转速度慢。

进一步分解上述公式，说明存货和应收账款与营业周期的关系，如图 6-1 所示：

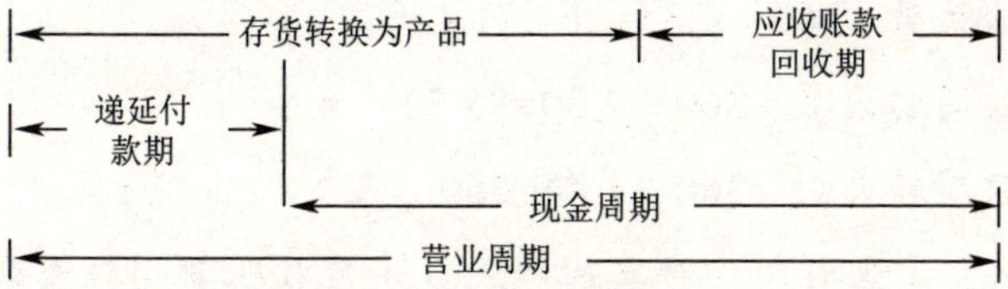

图 6-1　现金周期时间图示

现金周期 = 营业周期 − 应付账款周转期

6.1.2 怎么计算营业周期

我们根据格力电器公司财报，2019 年第一季度销售收入 405.5 亿元，销售成本 281.4 亿元，分析该企业以下指标，见表 6-1。

表 6-1　相关指标

单位：亿元

项　　目	期末余额	期初余额
存货	212.1	200.1
应收账款	111.4	77.00
应付账款	0	389.9

存货周转率 = 销售成本 ÷ [（期初存货 + 期末存货）÷ 2]

=281.4 ÷ [（212.1+200.1）÷ 2]

=281.4 ÷ 206.1

=1.36（次）

应收账款周转率 = 销售收入 ÷ [（期初应收账款 + 期末应收账款）÷ 2]

=405.5 ÷ [（111.4+77）÷ 2]

=4.30（次）

应付账款周转率 = 销售成本 ÷ [（期初应付账款 + 期末应付账款）÷ 2]

=281.4 ÷ [（0+389.9）÷ 2]

=1.44（次）

存货周转天数 =360÷1.36=264.71（天）

应收账款周转天数 =360÷4.30=83.72（天）

应付账款周转天数 =360÷1.44=250（天）

根据公式：营业周期 = 存货周转天数 + 应收账款周转天数

=264.71+83.72

=348.43（天）

现金周期 = 营业周期 − 应付账款周转天数

=348.43−250

=98.43（天）

从上述计算可知，存货周转期上升，经营周期也要延长；应收账款减少会导致应收账款的周转期缩短，经营周期缩短；提供给顾客的现金折扣增加，会使应收账款的周转期缩短，经营周期缩短；提前付款会使应收账款的周转期缩短，经营周期延长。正常营业周期不能确定的，应当以一年（12 个月）作为正常营业周期。

6.2 产品是否有竞争力要看的几个指标

产品是否有竞争力，要看的几个指标：毛利、毛利率、固定资产利用率、核心利润等。

6.2.1 毛利、毛利率是说明什么的

毛利的计算公式如下：

毛利 = 营业总收入 − 营业总成本

毛利率 = 毛利 ÷ 营业总收入 ×100%

=（营业收入 − 营业成本）÷ 营业收入 ×100%

计算毛利和毛利率的数据在利润表中可以找到。2018 年格力电器利润表如图 6-2 所示。

○ 利润表

按报告期　按年度　按单季度　报告期同比　年度同比

利润表	2018-12-31
营业总收入	2000亿
营业收入	1981亿
利息收入	18.99亿
手续费及佣金收入	153.3万
营业总成本	1696亿
营业成本	1382亿
利息支出	4534万
手续费及佣金支出	65.77万
研发费用	69.88亿
税金及附加	17.42亿
销售费用	189.0亿
管理费用	43.66亿
财务费用	-9.482亿
资产减值损失	2.617亿

图 6-2　利润表部分数据

可以算出：

$$毛利 = 营业收入 - 营业成本$$

$$=1\ 981-1\ 382$$

$$=599（亿元）$$

$$毛利率 =599 \div 1\ 981 \times 100\%$$

$$=30.24\%$$

这里计算的毛利和毛利率剔除了除了主营业务取得的收入和付出的成本。毛利率 30.24%，对于竞争激烈的电器行业已经算是不错的了。格力电器竞争力有三点：一是产品定价，比其他品牌电器高；二是规模大，营业收入 1 981 亿元；三是固定资产利用率高。

6.2.2 固定资产利用率也是衡量竞争力的一个指标

固定资产利用率也叫固定资产周转率，是指企业当年产品销售收入净额与固定资产平均净值的比率，计算公式如下：

固定资产周转率＝营业收入 ÷ 平均固定资产净值

＝营业收入 ÷［（固定资产净值期初数＋固定资产净值期末数）÷2］

格力电器相关资料见表6–2。

表6–2　固定资产相关数据

日　　期	2019年3月31日	2018年12月31日
固定资产	181.32	183.85

2019年3月格力电器固定资产周转率=1 981÷［（181.32+183.85）÷2］

=10.85次。

6.2.3 核心利润——坚挺的指标

衡量企业竞争力还有一个指标：核心利润。核心利润来源于企业经营产生的毛利，是扣除税金、销售费用、管理费用以及财务费用后的部分。

核心利润＝营业收入－营业成本－税金及附加－销售费用

－管理费用－财务费用

毛利高低代表了企业产品的竞争力等，而费用高低则代表了企业费用控制的能力。总体来说，核心利润越高，盈利能力越强，盈利质量越高。

根据格力电器的利润表，计算核心利润。

核心利润 =1 981−1 382−17.42−189−43.66−（−9.48）

=358.40（亿元）

根据表 6-3，格力电器的业务构成情况为：空调 1 556.82 亿元，占营业收入的 78.58%；生活电器 37.94 亿元，占营业收入的 1.92%；智能装备 31.09 亿元，占营业收入的 1.57%；其他业务 275.31 亿元，占营业收入的 13.90%。这里的其他业务主要包括与空调相关电机、压缩机和模具之类的业务。

表 6-3　业务收入构成比例

○ 主营构成分析

2018-12-31	主营构成	主营收入(元)	收入比例	主营成本(元)	成本比例	主营利润(元)	利润比例	毛利率(%)
按行业分类	制造业	1705.92亿	86.10%	1124.04亿	81.31%	581.88亿	97.16%	34.11%
	其他(补充)	275.31亿	13.90%	258.30亿	18.69%	17.01亿	2.84%	6.18%
按产品分类	空调	1556.82亿	78.58%	988.90亿	71.54%	567.92亿	94.83%	36.48%
	其他(补充)	275.31亿	13.90%	258.30亿	18.69%	17.01亿	2.84%	6.18%
	其他主营	80.07亿	4.04%	75.05亿	5.43%	5.03亿	0.84%	6.28%
	生活电器	37.94亿	1.92%	31.02亿	2.24%	6.92亿	1.16%	18.23%
	智能装备	31.09亿	1.57%	29.07亿	2.10%	2.01亿	0.34%	6.48%

从这里我们可以看出，格力电器的商业模式仍然是以空调销售为主。公司推出过手机产品，但市场反应并不是太好。公司在智能装备上布局，目前仍没有形成相当的规模，目前业务上对空调的依赖仍然比较大。

6.2.4 平均市净率

市净率（Price to Book Ratio）即 P/B，一般来说，市净率较低的股票，平均市净率投资价值较高；相反，则投资价值较低。但在判断投资价值时还要考虑当时的市场环境以及公司经营情况、盈利能力等因素。

以格力电器为例，格力电器对研发的投入向来是不设上限，需要多少就投入多少，争取把核心技术都掌握在自己手里。同时，格力电器在智能装备等领域也默默深耕多年，技术储备、产品能力都很扎实，这是格力电器能在市场中保持溢价能力的根本保障。未来，公司在智能装备领域发力，仍然会保持较强的竞争力。

2018 年格力电器年报见表 6–4。

表 6–4　2018 年格力电器年报（部分）

单位：亿元

项　　目	金　　额
总资产	2 512
无形资产	52.05
负债	0.518 0
优先股权益	1 585

在企业净资产中剔除无形资产和商誉，格力电器净资产为 927.10 亿元，其中商誉和无形资产总共为 52.568（52.05+0.518）亿元，实际净资产为 874.532（927.10−52.568）亿元。格力电器总市值为 3 146.83 亿元。

其中：

账面价值 = 总资产 – 无形资产 – 商誉 – 负债

=2 512−52.05−0.518 0−1 585=874.43（亿元）

平均市净率 =3 146.83 ÷ 874.43

=3.60

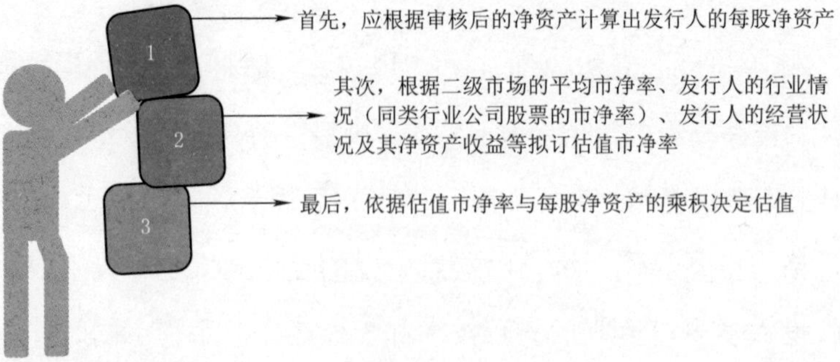

通过市净率定价法估值时：

根据上述市净率（简称 P/B）与净资产收益率（ROE）的关系，我们不难理解为什么那些净资产收益率高的公司市场价格高于账面价值，而那些净资产收益率低的公司市场价格低于账面价值。真正吸引投资者注意的是那些市净率和净资产收益率不匹配的公司，投资者应选择低市净率但高净资产收益率的股票，回避低净资产收益率但高市净率的股票，如图 6-3 所示。

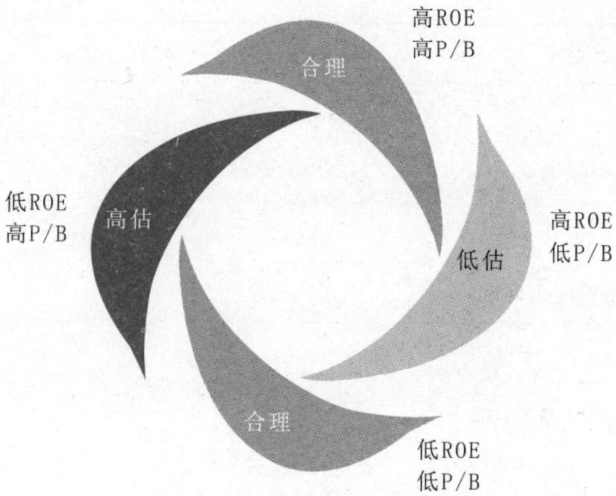

图 6-3　市净率定价法估值

6.2.5 投资收益高于主营业务收入，说明什么

利润表第一项就是主营业务收入，有经验的分析者通过主营业务收入与投资收益做比较，可以看出这个企业是否踏实。最近几年，有些企业投资收益高于主营业务收入，不是一年高于主营业务收入，而是数年如此？让投资者内伤。

6.3 怎样看懂上市公司的利润

我们经常翻看上市公司的财报，查找相关公司的利润表，会发现这么几项名词：净利润、归属于母公司股东的净利润、扣除非经常性损益后的净利润，见表 6–5。这三者之间是什么关系？

表 6–5　利润表（部分）

单位：亿元

项　　目	2018–12–31	2017–12–31	2016–12–31
净利润	263.8	225.1	155.7
其中：归属于母公司股东的净利润	262.0	224.0	154.6
少数股东损益	1.762	1.070	1.028
扣除非经常性损益后的净利润	255.8	211.7	156.4

6.3.1 什么是净利润

净利润比较好理解，按照利润表编制要求计算就是了，看下面的例子：有一家公司，母公司是上市公司，母公司有两个子公司，还有一个联营企业。

首先要弄明白，母公司与子公司以及联营公司的关系，如图 6–4 所示。

根据《企业会计准则第 33 号——合并财务报表》的规定：

①持有被投资方 50% 以上的表决权；

②持有被投资方 50% 及以下的表决权，但通过协议等形式能够控制 50% 以上表决权，应并入母公司财务报表。

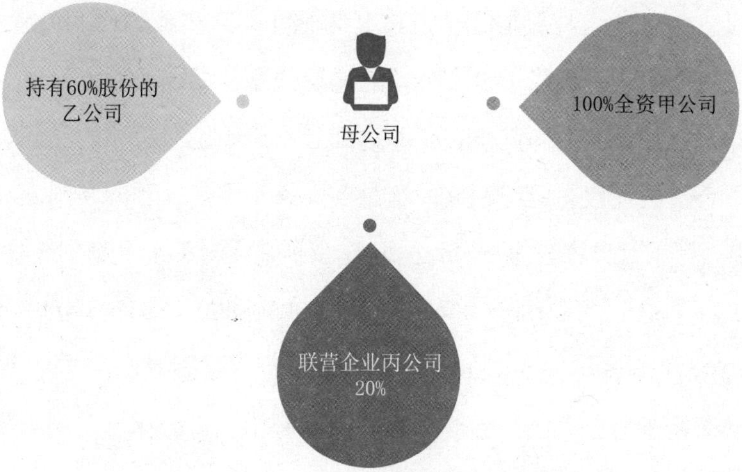

图 6-4　母公司与子公司以及联营公司的关系

期末，母公司、子公司盈利情况见表 6-6。

表 6-6　母公司、子公司盈利情况

列　　表	盈利情形（万元）
母公司	4 000
甲公司	1 000
乙公司	800
联营丙公司	1 200

净利润 = 母公司 + 甲公司 + 乙公司

=4 000+1 000+800

=5 800（万元）

6.3.2 归属于母公司股东的净利润

归属于母公司股东的净利润是上市公司合并报表的净利润扣除少数股东损益后，实际归属于上市公司股东的这部分利润。由于上市公司通过投资的方式，控股但非全资持有的企业，其生成的利润或者亏损，根据股权比例，将不属于上市公司的这部分净利润或净亏损列于少数股东损益。合并报表的净利润在扣除这部分不属于上市公司的利润，称为归属于上市公司股东的净利润。这是实际属于上市公司的净利润。

接上例，计算归属于母公司股东的净利润 = 母公司 + 甲公司 ×100%+ 乙公司 ×60%=4 000+1 000×100%+800×60%=5 480（万元）

与合并报表相差 5 800−5 480=320 万元，原因是乙公司中有 40% 的净利润属于乙公司的少数股东的，并不属于上市公司母公司的股东。

6.3.3 扣除非经常性损益的净利润

归属上市公司股东的扣除非经常性损益后的净利润是上市公司合并报表的净利润扣除了少数股东损益以及非经常性损益后的净利润，投资者往往非常关注这个指标。

要想弄懂扣除非经常性损益净利润到底是什么，先弄清楚什么是非经常性损益。非经常性损益是指公司发生的与经营业务无直接关系，以及虽与经营业务相关，但却是不经常发生的。

举个例子，某公司主营业务是养殖扇贝，养殖扇贝取得的收入是经常性的收入。由于各种原因，经常性的收入与经常性的支出相抵后，是亏损的。于是这家公司卖了一幢市中心的楼，卖大楼是偶然的、不经常发生的业务，但这偶然的、不经常发生的业务取得的收益是惊人的，所以从利润表上看，净利润相当可观。

为了能够真实、公允地反映公司正常盈利能力的各项收入、支出。证监会在《公开发行证券的公司信息披露规范问答第 1 号——非经营性损益》中特别指出，注册会计师应单独对非经常性损益项目予以充分关注，对公司在财务报告附注中所披露的非经营性损益的真实性、准确性与完整性进行核实。

非经常性收益包括以下内容：

（1）非流动性资产处置损益，包括已计提资产减值准备的冲销部分；

（2）越权审批，或无正式批准文件，或偶发性的税收返还、减免；

（3）计入当期损益的政府补助，但与公司正常经营业务密切相关，符合国家政策规定、按照一定标准定额或定量持续享受的政府补助除外；

（4）计入当期损益的对非金融企业收取的资金占用费；

（5）企业取得子公司、联营企业及合营企业的投资成本小于取得投资时应享有被投资单位可辨认净资产公允价值产生的收益；

（6）非货币性资产交换损益；

（7）委托他人投资或管理资产的损益；

（8）因不可抗力因素，如遭受自然灾害而计提的各项资产减值准备；

（9）债务重组损益；

（10）企业重组费用，如安置职工的支出、整合费用等；

（11）交易价格显失公允的交易产生的超过公允价值部分的损益；

（12）同一控制下企业合并产生的子公司期初至合并日的当期净损益；

（13）与公司正常经营业务无关的或有事项产生的损益；

（14）除同公司正常经营业务相关的有效套期保值业务外，持有交易性金融资产、交易性金融负债产生的公允价值变动损益，以及处置交易性金融资产、交易性金融负债和可供出售金融资产取得的投资收益；

（15）单独进行减值测试的应收款项减值准备转回；

（16）对外委托贷款取得的损益；

（17）采用公允价值模式进行后续计量的投资性房地产公允价值变动产生的损益；

（18）根据税收、会计等法律、法规的要求对当期损益进行一次性调整对当期损益的影响；

（19）受托经营取得的托管费收入；

（20）除上述各项之外的其他营业外收入和支出；

（21）其他符合非经常性损益定义的损益项目。

接上例，计算归属于母公司股东的净利润＝母公司＋甲公司×100%+乙公司×60%=4 000+1 000×100%+800×60%=5 480（万元），再减去对丙公司的投资收益 1 200×20%=240（万元），5 480−240=5 240（万元）

5 240 万元即是扣除非经常性损益净利润。

那么投资收益包括哪些呢？

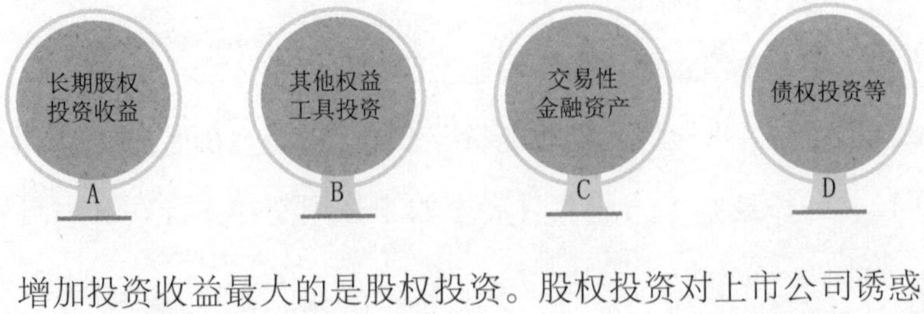

增加投资收益最大的是股权投资。股权投资对上市公司诱惑力一直很大，当主业平平时，进行股权投资有利于公司通过产业整合提高竞争力或者寻找新的业务增长点。但投资收益长期大于主营业务收入，还是有人管的。

投机代替不了主营业务收入

连续 7 年依靠投资收益扭亏的华茂股份，2019 年 5 月 23 日，接到了深交所问询函。华茂股份是一家拥有棉花、纺纱、织造、面料、服装、无纺布等纺织产业链的大型企业集团。不知何时，主营业务出现了“投资经营管理”，见表 6-7。

表 6-7　华茂股份主营业务

○ 主营范围

棉、毛、麻、丝和人造纤维的纯、混纺纱线及其织物、针织品、服装、印染加工:纺织设备及配件、家用纺织品销售;投资经营管理。

○ 主营构成分析

2018-12-31	主营构成	主营收入(元)	收入比例	主营成本(元)	成本比例	主营利润(元)	利润比例	毛利率(%)
按行业分类	纺织	26.83亿	96.45%	23.29亿	97.05%	3.54亿	92.71%	13.19%
	其他(补充)	9864.92万	3.55%	7083.90万	2.95%	2781.02万	7.29%	28.19%
按产品分类	纱线	14.60亿	52.49%	12.46亿	51.92%	2.14亿	56.07%	14.65%
	布	10.25亿	36.83%	9.29亿	38.69%	9598.75万	25.15%	9.37%
	服装	1.52亿	5.46%	1.18亿	4.92%	3379.89万	8.86%	22.27%
	其他(补充)	9864.92万	3.55%	7083.90万	2.95%	2781.02万	7.29%	28.19%
	纺织—其他	4643.84万	1.67%	3639.70万	1.52%	1004.14万	2.63%	21.62%
按地区分类	中国地区	20.87亿	75.04%	18.08亿	75.36%	2.79亿	73.08%	13.36%
	欧洲地区	3.90亿	14.02%	3.37亿	14.03%	5339.96万	13.99%	13.69%
	亚洲地区	2.05亿	7.37%	1.84亿	7.65%	2144.57万	5.62%	10.46%
	其他(补充)	9864.92万	3.55%	7083.90万	2.95%	2781.02万	7.29%	28.19%
	美洲地区	36.15万	0.01%	29.99万	0.01%	6.16万	0.02%	17.04%

根据 2018 年年报，华茂股份实现营业收入 27.82 亿元，同比增长 18.72%；净利润（以下均为归属净利润）为 1.19 亿元，同比增长 14.07%。

但华茂股份的主要利润来源为投资收益，2018 年度出售广发证券 1 161 万股回笼资金 2.24 亿元，获得投资收益 1.35 亿元。此外，公司还获得了国泰君安等多家公司的分红。

在此情况下，2018 年，华茂股份获得的投资收益接近 2 亿元，非经常性损益高达 1.87 亿元。而若扣除非经常性损益，华茂股份 2018 年净利润亏损 6 840 万元，见表 6-8。

表 6-8 利润表

利润表	2018-12-31
营业总收入	27.82亿元
营业收入	27.82亿元
营业总成本	29.06亿元
营业成本	24.00亿元
研发费用	8345万元
营业税金及附加	2129万元
销售费用	8082万元
管理费用	1.340亿元
财务费用	1.221亿元
资产减值损失	6447万元
其他经营收益	
加:公允价值变动收益	0.72万元
投资收益	1.935亿元
其中:对联营企业和合营企业的投资收益	948.9万元
汇兑收益	5.608万元
营业利润	1.201亿元
加:营业外收入	72.86万元
其中:非流动资产处置利得	—
利润总额	1.200亿元
减:所得税费用	2359万元
净利润	9641万元
其中:归属于母公司股东的净利润	1.187亿元
少数股东损益	-2227万元
扣除非经常性损益后的净利润	-6840万元

非理性的经营状况，引起了监管层关注。深交所要求公司说明投资管理业务的具体内容、将投资管理作为公司主营业务的原因、该业务与公司纺织业务是否具有协同效应等。

不管华茂股份如何应对深交所的问询，投资者是用脚投票的，截至 2019 年 6 月 6 日，股价已经跌至 4.31 元 / 股。

第 7 章 费用类项目财务分析

企业费用包括管理费用、销售费用和财务费用，另外营业外支出、资产减值损失也算在费用内。

7.1 难以驾驭的三大费用：管理费用、销售费用和财务费用

管理费用、销售费用和财务费用又统称期间费用，是指企业本期发生的、不能直接或间接归入营业成本，而是直接计入当期损益的各项费用。另外，对于从事采掘行业的企业来说，还包括了勘探费用，但A股上市公司中，仅有少量企业有勘探业务，因此有勘探费用的公司事实上不多。因此，期间费用的数据来源应该是：

期间费用＝销售费用＋管理费用＋财务费用

这样，组成期间费用的几个项目就可以在报表上找到出处了。

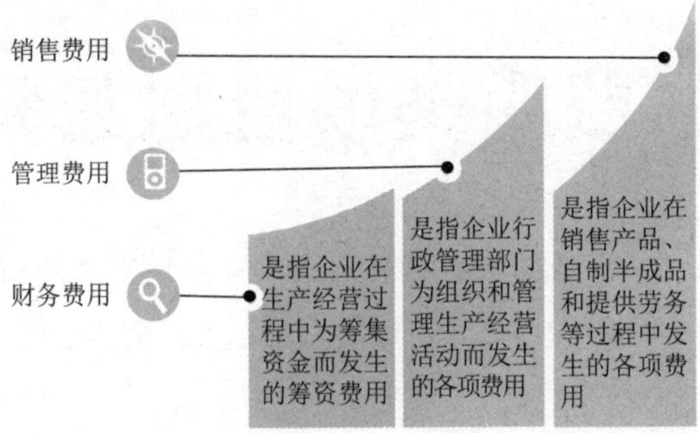

有一个公式可以计算期间费用占销售收入的比率——期间费用率，其计算公式为：

期间费用率＝期间费用 ÷ 营业收入 ×100%

7.1.1 解析管理费用、销售费用

企业发生的开办费、董事会和行政管理部门在企业的经营管理中发生的或者应由企业统一负担的公司经费（包括行政管理部门职

工薪酬、物料消耗、低值易耗品摊销、办公费和差旅费等）、董事会费（包括董事会成员津贴、会计费和差旅费等）、聘请中介机构费、咨询费（含顾问费）、诉讼费、业务招待费、技术转让费、矿产资源补偿费、研究费用、排污费以及企业行政管理部门发生的固定资产修理费等。

从以上内容可知，管理费用的庞大。新《企业会计准则》把研发费用从管理费用中剥离，作为一个独立的费用项目，因为很多企业投入研发的费用是很惊人的。表 7-1 为格力电器的利润表。

表 7-1　利润表（部分）

利润表	2019-03-31
营业总收入	410.1亿元
营业收入	405.5亿元
利息收入	4.576亿元
手续费及佣金收入	81.81万元
营业总成本	349.5亿元
营业成本	281.4亿元
利息支出	3281万元
手续费及佣金支出	18.14万元
研发费用	12.35亿元
税金及附加	3.055亿元
销售费用	41.71亿元
管理费用	8.843亿元
财务费用	-2300万元

我们看格力电器的研发费用是 12.35 亿元，管理费用是 8.843 亿元，研发费用比管理费用高 3.507 亿元。

管理费用占营业收入比 =8.843 ÷ 405.5 × 100%=2.18%

销售费用占营业收入比 =41.71 ÷ 405.5 × 100%=10.31%

根据表 7-1，计算格力电器 2019 年第一季度期间费用率。

期间费用率 = 期间费用 ÷ 营业收入 × 100%

$=（8.843+41.71-0.23）\div 405.5\times 100\%=12.41\%$

本季度管理费用、销售费用都很合理。

格力电器期间费用控制得很好，投资者可以从期间费用占营业收入比判断企业管理水平与经营能力。一般来说，医药类公司销售费用大多很高，如图 7-1 所示。

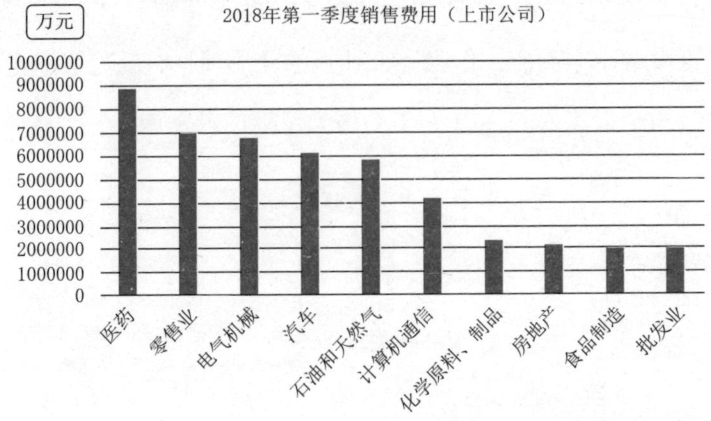

图 7-1　各行业销售费用

7.1.2 财务费用解析

财务费用是公司筹集生产所需资金而发生的费用。按照我国会计制度的规定，公司财务费用科目核算内容包括利息收入、利息支出和汇兑损益及筹资发生的其他费用。

看下面这个公式：

财务费用＝手续费支出＋利息支出＋汇兑损失＋其他

－利息收入－汇兑损益

当利息收入及汇兑损益之和大于手续费支出、汇兑损失、利息支出等，那么财务费用的数据是负数，反之，则为正数。

下面介绍一下造成财务费用为负的原因：

公司流动资金充裕，银行存款金额大大高于公司贷款融资额，仍会导致公司的财务费用为负

公司资金转借关联企业用于资金周转，会相应收取手续费计入利息收入，一般收益率比较可观，支付所得税后高额利息收入减去利息支出，也会导致财务费用为负

在我国现行的会计制度中，收入在收到外汇时以当时汇率确定收入，当结转或按月汇兑收益记入财务费用贷方，如果汇兑收益金额过大，也会使财务费用出现负数

7.2 新会计准则下成本费用占营业收入个别指标修正

成本费用利润率是企业一定期间的利润总额与成本、费用总额的比率。简单来说，成本费用利润率指标表明每付出 1 元成本费用可获得多少利润，体现了经营耗费所带来的经营成果。该项指标越高，利润就越多，反映企业的经济效益越好；成本费用利润率越低，说明企业的成本费用控制能力越好。

成本费用利润率计算公式为：

成本费用利润率 =（营业成本 + 税金及附加 + 销售费用 + 管理费用 + 财务费用）÷ 营业收入 ×100%

7.2.1 分子修正

我们看这个分子式：构成分子的项目中营业成本是生产产品付出的成本；税金及附加包括消费税、城市维护建设税、教育费附加、资源税、房产税、城镇土地使用税、车船税、印花税等。但要注意的是管理费用，

自从执行新《企业会计准则》后，原来记在“管理费用”中的“坏账损失”及“存货跌价损失”，改记在“资产减值损失”科目中核算，“坏账损失”和“存货跌价损失”不包含在成本费用占营业收入的比重的分子中，将会导致该指标的下降。

7.2.2 分母修正

构成分母的只有一项：主营业务收入。但在具有融资性质的分期收款发出商品的核算中，由于视同给商品购买方提供了融资，因此企业的收款金额并不等于企业确认的收入金额，而应减去相应的融资收益，这会导致该指标的分母“营业收入”减小；同时，融资收益在账务处理上冲减财务费用，又会导致该指标的分子“财务费用”减小。

但融资收益应根据收款期分期确认，所以分子减少的金额与分母减少的金额在某一会计期间内通常会不一致，整体来讲对该指标的影响会难以判断。

因此，该指标在计算中，分子应增加“资产减值损失”中的“坏账损失”和“存货跌价损失”两项。

即：修订后的成本费用占营业收入的比重 =（营业成本 + 税金及附加 + 销售费用 + 管理费用 + 财务费用 + 坏账损失 + 存货跌价损失）÷ 营业收入，以便更全面地反映企业控制成本和费用的能力。

7.3 上市公司财务分析为什么需要剔除营业外收支的影响

营业外收入是指与生产经营过程无直接关系，应列入当期利润的收入。

7.3.1 营业外收支包括哪些项目

在股市操作中，投资者在查看上市公司财务报告的时候，大多关注的是利润，往往忽略营业外收入。营业外收入主要包括：非货币性资产交换利得、出售无形资产收益、债务重组利得、企业合并损益、盘盈利得、因债权人原因确实无法支付的应付款项、政府补助、教育费附加返还款、罚款收入、捐赠利得等。

我们可以把公司的主营业务收入和营业外收入占比来考量公司的经营活动变化，作为一个分析指标。为什么要考核这些呢，因为有些公司会得到政府补助，并将其列为公司的营业外收入进入当期损益，对当期利润将产生极大的影响，如 2017 年，*ST 中绒、*ST 东数、*ST 三维在年末突击收到政府数亿元的巨额补贴，依靠政府补贴实现保壳。但这种政策性的补贴并不是恒久的，见表 7-2 为 *ST 中绒上市公司利润表部分数据。

表 7-2　利润表（部分）

利润表	2018-12-31	2017-12-31	2016-12-31
营业总收入	20.20亿	27.97亿	33.12亿
营业收入	20.20亿	27.97亿	33.12亿
营业总成本	49.22亿	35.09亿	43.47亿
营业成本	19.86亿	25.12亿	29.27亿
研发费用	—	1.033万	—
税金及附加	3710万	4140万	2733万
销售费用	1.355亿	1.497亿	1.617亿
管理费用	1.809亿	1.729亿	3.078亿
财务费用	7.392亿	5.369亿	6.459亿
资产减值损失	18.43亿	9630万	2.779亿
其他经营收益			
加:公允价值变动收益	—	—	1387万
投资收益	100.4万	73.37万	-1849万
营业利润	-28.72亿	-1527万	-10.44亿
加:营业外收入	604.3万	1.227亿	9431万
其中:非流动资产处置利得	—	—	1.692万
减:营业外支出	9067万	1848万	1811万
其中:非流动资产处置净损失	—	—	452.4万

2017 年的营业外收入是 1.227 亿元，而 2018 年只有 604.3 万元。我们分析一下该公司 2017 年营业外收入的构成：占大头的是债务重组利得 111 927 651.06 元，政府补助为 8 282 914.67 元，见表 7-3。那么计算一下营业外收入占营业收入的百分比：1.227 ÷ 20.20 × 100%=6.07%：

表 7-3　2017 年营业外收入构成

单位：元

项目	本期发生额	上期发生额	计入当期非经常性损益的金额
债务重组利得	111,927,651.06		111,927,651.06
政府补助	8,282,914.67	94,046,667.81	8,282,914.67
固定资产毁损报废利得	75,233.51	16,917.83	75,233.51
无需支付往来款项	2,188,948.28		2,188,948.28
其他	237,159.91	259,037.73	237,159.91
合计	122,711,907.43	94,305,705.54	122,711,907.43

我们再看 2018 年营业外收入构成（见表 7-4）：债务重组利得为 0 元，政府补助为 461 284.82 元。虽然还有政府补助，但数额明显减少。2018 年营业外收入占营业收入的百分比：604.3 ÷ 202 000 × 100%= 0.3%，排除非经常性发生的营业外收入，我们会看到比较真实的一个情况。

表 7-4　2018 年营业外收入构成

单位：元

项目	本期发生额	上期发生额	计入当期非经常性损益的金额
债务重组利得		111,927,651.06	
政府补助	461,384.82	8,282,914.67	461,384.82
无需支付的往来款		2,188,948.28	
固定资产毁损报废利得		75,233.51	
其他	5,581,803.28	237,159.91	5,581,803.28
合计	6,043,188.10	122,711,907.43	6,043,188.10

7.3.2 营业利润更能真实反映公司业绩

巴菲特分析公司正常盈利能力时却首先会剔除营业外收支的影响。

巴菲特在分析利润表时，会特别列示非正常性资产处置收入（unusual sales of assets），国内利润表主要列示为非流动资产处置利得或损失，处置利得计入营业外收入，处置损失则计入营业外支出，并在利润表中营业外支出下单独列示。

巴菲特分析营业外收支的方法很简单，就是分析企业正常盈利能力时剔除营业外收入和支出的影响。

营业外收入减去营业外支出就是营业外收支净额。如果营业外收支净额占利润的比例相当大，比如 30% 甚至更高，就类似于一个人一年的收入相当一部分来自彩票中奖或者家人捐赠，这种短期的利润猛增是偶然的和不可持续的。所以，我们在分析时，要剔除这种偶然发生的非经常性损益的影响，重点分析来自日常营业活动的营业利润。巴菲特认为，营业利润更能真实反映公司业绩。那种依靠资产重组、债务重组或者政府补贴而短期取得的盈利暴涨肯定是无法长期持续的。

我们计算一下 *ST 中绒营业外收入占净利润的比重，2017 年净利润为 4 699 万元，即 1.227 ÷ 0.469 9 × 100%=261.12%；用营业外收入净额计算一下这个指标，即（1.227−0.184 8）÷ 0.469 9 × 100%=221.79%。从这个计算结果就可以看出营业外收入的贡献功不可没。

2018 年净利润是 −29.90 亿元，由于没有营业外收入支撑，*ST 中绒本年度亏损严重，这也说明营业外收入的偶然性。

7.3.3 结构百分比分析法

结构百分比是对同一期间财务报表中不同科目编制百分比报表进行分析，即将财务报表中的某一重要项目的数据作为100%，然后将其他项目都以这一项目的百分比形式做纵向排列，从而揭示各项目的数据在公司财务中的比例关系。

结构百分比是对同一期间财务报表中不同科目编制百分比报表进行分析。

使用方法是：

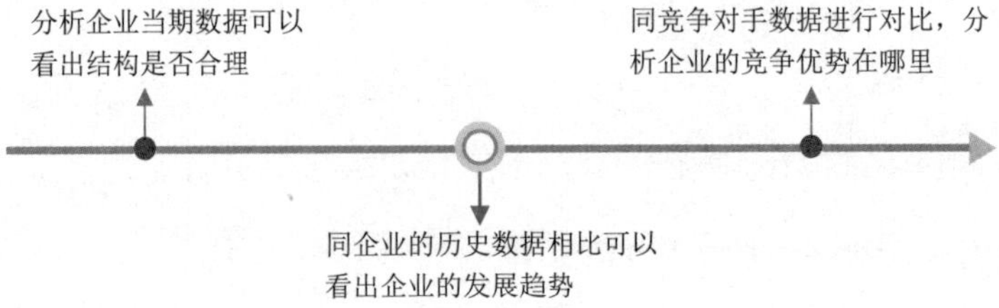

一般来说，利润表以营业收入为基数，资产负债表以资产总额为基数。我们以东阿阿胶为例，采用结构百分比方法进行分析，如图7-2所示。

单位：元

○ 百分比报表

指标 2019-03-31	金额(亿元)	占比
总资产	136.4	100%
流动资产	105.6	77.39%
货币资金	19.26	14.12%
应收账款	15.40	11.29%
存货	33.57	24.61%
预付账款	0.949	0.70%
非流动资产	30.85	22.61%
固定资产	17.57	12.88%
无形资产	4.157	3.05%
长期待摊费用	0.4026	0.30%
金融资产	22.42	16.43%
总负债金额	19.25	100%
流动负债	18.55	96.37%
非流动负债	0.6988	3.63%

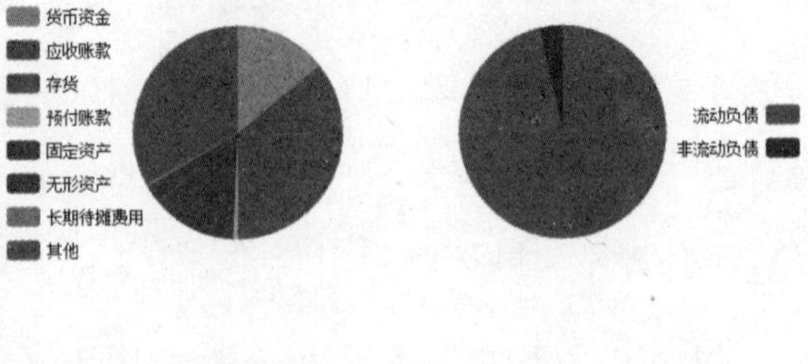

图7-2 结构百分比分析

利润表	2018-12-31		2017-12-31	
指标	数值	占比	数值	占比
营业收入(亿元)	73.4	100%	73.7	100%
营业成本(亿元)	25.0	-34.01%	25.8	-34.95%
税金及附加(亿元)	1.21	-1.65%	9191	-1.25%
期间费用(亿元)	21.5	-29.35%	21.7	-29.43%
销售费用(亿元)	17.8	-24.20%	18.1	-24.49%
管理费用(亿元)	3.63	-4.94%	3.53	-4.78%
财务费用(亿元)	0.1566	-0.21%	0.1179	-0.16%
资产减值损失(亿元)	0.7443	-1.01%	0.3485	-0.47%
其他经营收益(亿元)	—	—	—	—
公允价值变动损益(亿元)	—	—	—	—
投资收益(亿元)	1.65	2.25%	1.20	1.62%
营业利润(亿元)	24.4	33.26%	24.1	32.69%
加:营业外收入(亿元)	0.1076	0.15%	0.0354	0.05%
补贴收入(亿元)		—	—	—
减:营业外支出(亿元)	0.0745	-0.10%	0.051	-0.07%
利润总额(亿元)	24.4	33.30%	24.1	32.66%
减:所得税(亿元)	3.57	-4.87%	3.64	-4.94%
净利润(亿元)	20.9	28.43%	20.4	27.73%

图 7-2　结构百分比分析（续）

这就是对利润表进行的结构百分比分析，它让我们更加直观地了解利润表的结构，从中可以看到，营业成本占收入的 34.01%，期间费用（销售费用、管理费用、财务费用）占收入的 29.35%，其中销售费用占收入的 24.20%，这也符合医药企业的特点，销售费用占比很高。所得税的比例是 4.87%，到最后有 28.43% 的营业收入转化为净利润的过程。

从利润表的结构百分比中，我们可以得到企业从收入到利润是怎样一步一步实现的，对这个结构进行分析，看看企业哪一部分占比过大，反映了企业在经营过程中的哪些特点，进而从财报中挖掘更多的企业信息。

利用结构百分比还可以和企业历史数据进行比较来看企业的发展

趋势。

东阿阿胶2017年的利润表和2018年的利润表结构百分比放在一起对比来看，东阿阿胶的净利润从2017年的27.73%增加到28.43%，提高了0.7%。我们可以看出，数据变化最大的有两个项目：营业外收入和资产减值损失。营业外收入项目，2018年为10 755 058.97元，2017年为3 543 183.65元；资产减值损失2018年74 430 570.39元，2017年为34 852 237.06元，如图7-3所示。

单位：元

营业外收入

	2018年	2017年	计入2018年非经常性损益
赔偿金、违约金及罚款等其他利得	7,549,530.37	3,082,161.19	7,549,530.37
其他	3,205,528.60	461,022.46	3,205,528.60
	10,755,058.97	3,543,183.65	10,755,058.97

资产减值损失

	2018年	2017年
坏账损失	68,738,466.98	33,608,357.77
存货跌价损失	5,692,103.41	1,243,879.29
	74,430,570.39	34,852,237.06

图7-3 营业外收入和资产减值损失数据

7.4 税金及附加包括哪些项目

根据《财政部关于印发〈增值税会计处理规定〉的通知》（财会〔2016〕22 号），“营业税金及附加”科目名称调整为“税金及附加”科目，该科目核算企业经营活动发生的消费税、城市维护建设税、资源税、教育费附加及房产税、土地使用税、车船使用税、印花税等相关税费。表 7–5 是某上市公司税金及附加的部分项目列表。

表 7–5　税金及附加

单位：元

项　　目	本期发生额	上期发生额
城市维护建设税	680 310 364.67	449 030 847.43
教育费附加	292 838 686.09	193 350 234.35
资源税	350 018.00	1 544 999.86
房产税	24 393 707.24	22 297 991.50
土地使用税	49 560 403.34	48 998 647.49
车船使用税	15 714.77	306 553.04
印花税	13 132 633.02	6 736 599.52
地方教育费附加	195 225 790.76	128 889 242.74
环境保护税	1 128 741.48	
合计	5 908 497 298.57	3 494 696 079.68

其他说明：

税金及附加增加主要有以下三方面原因：

1. 本年酒类产品销售收入增加对应的消费税及附加税增加；
2. 根据国家税务总局税总函〔2017〕144 号文件规定申请对公司部分酒类产品消费税最低计税价格进行重新核定（川国税函〔2017〕128 号），自 2017 年 5 月 1 日起开始执行，公司消费税税基提高相应增加部分消费税及附加税；
3. 增值额提升匹配的附加税增加。

值得注意的是，车辆购置税、契税、烟叶税、关税、耕地占用税等，应计入资产成本，不在“税金及附加”科目核算。

1. 资源税

在中华人民共和国领域及管辖海域开采或者生产应税产品的单位和个人为资源税的纳税人，资源税的征税范围主要有：矿产品和盐两大类，税率采用从价计征与从量计征。

资源税税目见表 7-6。

表 7-6　资源税税目

<table>
<tr><th colspan="3">征税范围</th><th>不征或暂不征收项目</th></tr>
<tr><td colspan="3">原油（天然原油）</td><td>不包括人造石油</td></tr>
<tr><td colspan="3">天然气（专门开采或原油同时开采的天然气）</td><td></td></tr>
<tr><td colspan="3">原煤、未税原煤加工洗选煤</td><td>其他煤炭制品</td></tr>
<tr><td rowspan="2">金属矿</td><td>黑色金属矿</td><td rowspan="2">铁矿、金矿、铜矿等原矿或精矿</td><td rowspan="4">对未列举的其他金属和非金属矿产品，由省级人民政府根据实际情况确定具体税目和适用税率</td></tr>
<tr><td>有色金属矿</td></tr>
<tr><td rowspan="2">非金属矿</td><td colspan="2">（海盐、湖盐和井矿盐、提取地下卤水晒制的盐）包括固体盐和液体形态的初级产品</td></tr>
<tr><td colspan="2">石墨、煤层气、硅藻土等</td></tr>
</table>

2. 土地使用税

在城市、县城、建制镇、工矿区范围内使用土地的单位和个人，为城镇土地使用税（以下简称土地使用税）的纳税人。土地使用税以纳税人实际占用的土地面积为计税依据，依照规定税额计算征收。

土地使用税每平方米年税额如下：

（1）大城市 1.5 元至 30 元；

（2）中等城市 1.2 元至 24 元；

（3）小城市 0.9 元至 18 元；

（4）县城、建制镇、工矿区 0.6 元至 12 元。

3. 环境保护税

《中华人民共和国环境保护税法》已由第十二届全国人民代表大会常务委员会第二十五次会议于 2016 年 12 月 25 日通过，自 2018 年 1 月 1 日起施行。在中华人民共和国领域和中华人民共和国管辖的其他海域，直接向环境排放应税污染物的企业事业单位和其他生产经营者为环境保护税的纳税人，应当缴纳环境保护税。

4. 车船税法

根据 2019 年 4 月 23 日第十三届全国人民代表大会常务委员会第十次会议《关于修改〈中华人民共和国建筑法〉等八部法律的决定》修正。

在中华人民共和国境内属于《车船税税目税额表》规定的车辆、船舶（以下简称车船）的所有人或者管理人，为车船税的纳税人，应当依照本法缴纳车船税。车船的适用税额依照《车船税税目税额表》执行。

车辆的具体适用税额由省、自治区、直辖市人民政府依照《车船税税目税额表》规定的税额幅度和国务院的规定确定。车船税按年申报缴纳。

5. 教育费附加

教育费附加是对缴纳增值税、消费税的单位和个人，就其实际缴纳的税额为计税依据征收的一种附加费。

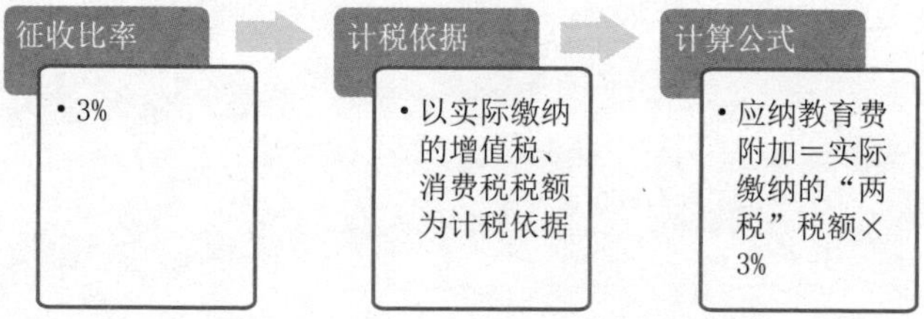

需要注意的是：

（1）教育费附加出口不退，进口不征。

（2）对由于减免增值税、消费税而发生的退税，可同时退还已征收的教育费附加。

6. 印花税

2018 年 11 月 1 日，财政部、国家税务总局起草《中华人民共和国印花税法（征求意见稿）》，明确印花税纳税人、计税依据、税率等。印花税是对经济活动和经济交往中书立、领受、使用的应税经济凭证的单位和个人所征收的一种税。因纳税人主要是通过在应税凭证上黏贴印花税票来完成纳税义务，故名印花税。印花税采用比例税率。

第 8 章 现金流量项目分析

现金流量包括流入与流出，通过分析，判断企业现金流。

8.1 自由现金流

自由现金流是指企业每年拥有可以自由支配的现金，是企业支付必要的运营成本费用，必要的“运营资本”（比如购买生产资料、支付员工工资等）和资本性支出（比如建造厂房购买设备）后所剩余的现金流。

8.1.1 为什么要看企业的自由现金流

自由现金流之所以重要是因为利润表具有一定的迷惑性。利润表不能准确地反映企业的现金流情况。作为投资者来说，首先要看的是现金流量表，为什么要先看现金流量表呢，我们看一下万科 2018 年报利润表，见表 8-1。

表 8-1 万科 2018 年利润表

编制单位：万科企业股份有限公司	2018 年	单位：元	币种：人民币
项目	附注十五	2018 年	2017 年
一、营业总收入	23	3,063,497,614.08	1,855,798,486.64
二、营业总成本		5,407,485,833.97	2,442,418,087.88
其中：营业成本	23	460,862.29	463,265.40
税金及附加	24	30,512,736.01	20,326,877.07
管理费用		2,501,151,119.21	1,092,875,914.60
财务费用	25	2,875,349,113.56	1,328,757,786.01
其中：利息费用	25	9,038,045,524.88	5,523,667,660.74
利息收入	25	6,220,945,908.83	4,194,082,411.99
资产减值损失		-	(5,755.20)
信用减值损失		12,002.90	-
加：投资收益	26	25,489,017,395.85	14,024,404,122.95
其中：对联营企业和合营企业的投资收益	26	226,695,033.88	3,226,761.29
公允价值变动损益		2,044,931.51	-

续上表

资产处置收益（损失以“-”填列）		265,175.52	(294,807.50)
三、营业利润		**23,147,339,282.99**	**13,437,489,714.21**
加：营业外收入		358,091.15	15,000,000.00
减：营业外支出		514,666.69	15,273,733.93
四、利润总额		**23,147,182,707.45**	**13,437,215,980.28**
减：所得税费用		160,834,282.64	-
五、净利润		**22,986,348,424.81**	**13,437,215,980.28**
六、其他综合收益的税后净额		-	-
七、综合收益总额		**22,986,348,424.81**	**13,437,215,980.28**

在这张利润表上，我们看到一个很好的数据，2018 年净利润 22 986 348 424.81 元，利润相当可观。

那么我们再看看现金流量表，经营活动现金流净额为负的，即 −38 905 354 239.11 元，就是说本期销售出去的产品取得的现金与产品有相关的支出相抵后是负数，见表 8-2。

表 8-2　母公司现金流量表

编制单位：万科企业股份有限公司　　2018 年　　单位：元　　币种：人民币

项目		2018 年	2017 年
一、经营活动产生的现金流量			
收到其他与经营活动有关的现金		202,957,877,249.31	219,108,479,321.41
经营活动现金流入小计		**202,957,877,249.31**	**219,108,479,321.41**
支付给职工以及为职工支付的现金		645,020,598.97	575,417,231.27
支付的各项税费		329,364,749.32	44,738,127.15
支付其他与经营活动有关的现金		240,888,846,140.13	232,619,831,806.71
经营活动现金流出小计		**241,863,231,488.42**	**233,239,987,165.13**
经营活动产生的现金流量净额		**(38,905,354,239.11)**	**(14,131,507,843.72)**

有利润但没有钱，是什么原因造成的呢，我们会计核算采用的是权责发生制，就是产品销售出去，就记收入，不管收没收到钱。所以就会出现利润表中的“纸上富贵”。

8.1.2 如何计算自由现金流

美国西北大学拉巴波特、哈佛大学詹森等学者于 20 世纪 80 年代提出“自由现金流”的概念，自由现金流量则是根据收付实现制确定的，自由现金流是作为一种企业价值评估的新概念、理论、方法和体系，经历 20 多年的发展，特别是美国安然、世通等在财务报告中利润指标完美无瑕的所谓绩优公司纷纷破产后，已成为企业价值评估领域使用最广泛，理论最健全的指标，美国证监会更是要求公司年报中必须披露这一指标。

自由现金流由经营产生的现金流减去资本性支出得到。因此对自由现金流的分析，我们通常抓住两个方面：一个是经营现金流，另一个是资本性支出。自由现金流在经营活动现金流的基础上考虑了资本性支出和股息支出。自由现金流等于经营活动现金净额。

表 8-3 是格力电器的自由现金流。

表 8-3　格力电器的自由现金流

单位：亿元

现金流量表	2019/3/31	2018/12/31	2018/9/30	2018/6/30	2018/3/31
经营活动产生的现金流量净额	77.33	269.4	150.7	89.39	143.6
投资活动产生的现金流量净额	−16.52	−218.5	−50.46	50.29	−53.88
自由现金流	60.81	50.9	100.24	39.1	89.72

自由现金流为正，表明企业运营良好，像格力电器有良好的现金流。所以对于投资者来说，要看的就是自由现金流。

8.1.3 增加现金流的利器

由于企业采用权责发生制，收入和费用的确认与现金实际流入流出在时间上不是同步的，这就产生时间上的差异，时间上的差异可以调节现金流量。比如，通过缩短收款时间，延长应付款时间；增加预收款，减少预付款等，增加现金流。

另外，由于税法和会计在某些会计处理方法的不同，实际申报和缴纳税款的数字和在财务报表上显示的数字是有差异的。两者之间的差异，就是"递延"。

1. 最常见的"递延所得税（负债）"产生方式

减少税负的一个常见的方式是改变资产的折旧方式。2019 年 4 月 29 日，财政部发布《关于扩大固定资产加速折旧优惠政策适用范围的公告》，自 2019 年 1 月 1 日起，适用《财政部、国家税务总局关于完善固定资产加速折旧企业所得税政策的通知》（财税〔2014〕75 号）和《财政部、国家税务总局关于进一步完善固定资产加速折旧企业所得税政策的通知》（财税〔2015〕106 号）规定固定资产加速折旧优惠的行业范围，扩大至全部制造业领域。具体规定如下：

2014年1月1日后新购进的研发和生产经营共用的仪器、设备

单位价值不超过100万元的，允许一次性计入当期成本费用，在计算应纳税所得额时扣除，不再分年度计算折旧

单位价值超过100万元的

可缩短折旧年限或采取加速折旧的方法

对所有行业企业持有的单位价值不超过5000元的固定资产

允许一次性计入当期成本费用在计算应纳税所得额时扣除，不再分年度计算折旧

缩短折旧年限的，最低折旧年限不得低于折旧年限的60%

选择加速折旧方法的，可采取双倍余额递减法或者年数总和法

我们根据新规定，比较一下直线法折旧和加速折旧对企业现金流的影响。假如兴达印刷公司花 450 万元购买彩色印刷机，可以使用 3 年，最后净残值为 0。采用直线法和采用加速折旧法，企业所得税率 25%。计算结果见表 8–4。

表 8–4　直线法和年数总和法计算对比

所得税率			25%
资产初始成本			450
年折旧额	150	150	150
会计方式	第一年	第二年	第三年
收入:	2000	2000	2000
成本与费用	1000	1000	1000
折旧	150	150	150
税前利润	850	850	850
所得税	212.5	212.5	212.5
净利润	637.5	637.5	637.5

采用年数总和法计提折旧额				
年折旧额	第一年折旧额	225[450×3÷（1+2+3）]		
	第二年折旧额	150[450×2÷（1+2+3）]		
	第三年折旧额	75[450×2÷（1+2+3）]		
会计方式		第一年	第二年	第三年
收入:		2000	2000	2000
成本与费用		1000	1000	1000
折旧		225	150	75
税前利润		775	850	925
所得税		193.75	212.5	231.25
净利润		581.25	637.5	693.75

通过对比可以看出，采用加速折旧时，导致第一年所得税、净利润减少，最后一年所得税和净利润增加，但总的应纳税额不变。加速折旧不但可以起到延迟纳税的作用，还有调节净利润和现金流的作用。企业可根据实际情况，选择折旧方法。

由于折旧的差异，第一年和第三年产生了递延所得税。“递延所得税（负债）”可以看作是企业在融资，见表 8–5。

表 8–5　折旧方法对纳税的影响

	第一年	第二年	第三年	合计
会计下的应纳税额	212.5	212.5	212.5	637.5
税法下的应纳税额	193.75	212.5	231.25	637.5
递延所得税:	18.75	0	−18.75	0

第一年企业可以用少付的 18.75 万元，相当于从政府那里借了无息

贷款，第三年结束时还上，见表 8–6。

续上表

表 8–6　折旧方法对现金流量影响

现金流量表	无递延所得税	有递延所得税
经营活动产生的现金流：		
净利润	637.5	637.5
折旧	150	150
递延所得税	—	18.75
营运资产与负债的变化	—	—
应收账款的变化	—	—
预付费用的变化	—	—
存货的变化	—	—
应付账款的变化	—	—
递延收入的变化	—	—
经营活动产生的现金流：	787.5	806.25

从表中可以看出，递延所得税（负债）会增加企业的经营性现金流。当然，企业也会有"递延所得税资产"产生：企业当期多付了税款，今后有权利少付给政府税款，这项权利就成为企业的资产。只要税法上资产的折旧额逐年增加，就会产生"递延所得税资产"。递延所得税资产会减少企业当期的经营性现金流。

当然也有永久性的差异产生，比如税收政策上对某些费用加倍扣除、政府优惠减免税款等，当期节约的税款以后不用补缴。

8.2　上市公司现金流量结构分析

现金流量的结构百分比分析是指将现金流量表中某一项目的数字作为基数（即为 100%），再计算出该项目各个组成部分占总体的百分比，以分析各项目的具体构成，使各个组成部分的相对重要性明显地表现出来，从而揭示现金流量表中各个项目的相对地位和总体结构关系，用于分析现金流量的增减变动情况和发展趋势。

现金流量表分为总收入结构和三项活动收入（经营活动、投资活动、筹资活动）的内部结构分析。它是反映企业的各项业务活动的现金流入，如经营活动的现金流入、投资活动的现金流入、筹资活动的现金流入等在全部现金流入中的比重以及各项业务活动现金中具体项目的构成情况，明确企业的现金究竟来自何方，现金流入主要依靠什么等。

现金流出结构分析是指企业各项现金流出占企业当期全部现金流出的百分比，它具体地反映企业的现金用在哪些方面，从而可以知道要节约开支应从哪些方面入手。

以格力电器历年现金流入与流出为例，见表 8-7。

表 8-7　格力电器历年现金流入与流出金额

单位：亿元

项　目	2018 年	2017 年	2016 年	2015 年
现金流入	1 837.89	1 395.83	934.51	1 313.29
其中：				
经营活动现金流入	1 462	1 137	755.2	1 188
投资活动现金流入	99.49	40.03	34.41	11.79
筹资活动现金流入	276.4	218.8	144.9	113.5
现金流出	1 762.2	1 877.1	1 035.9	993.52
其中：				
经营活动现金流出	1 193	973.2	606.6	744.2
投资活动现金流出	317.90	662.6	226.9	58.92
筹资活动现金流出	251.3	241.3	202.4	190.4

格力电器的现金流入在不断增加，2018 年与 2017 年相比增加了 39.95%，2017 年与 2016 年相比增加了 6.28%，2016 年与 2015 年相比

减少 28.84%。

2016 年现金流入减少主要是因为销售商品、提供劳务收到的现金比 2015 年减少 410 亿元。

投资活动现金流入有所增长，说明格力电器的投资政策较为稳健。筹资活动现金流入逐年上升，见表 8-8。

表 8-8　现金流入占比

项　　目	2018	2017	2016	2015
经营活动现金流入占总现金流入比	79.55%	81.46%	80.81%	90.46%
投资活动现金流入占总现金流入比	5.41%	2.87%	3.68%	0.89%
筹资活动现金流入占总现金流入比	15.04%	15.68%	15.51%	8.64%
经营活动现金流出占总现金流出比	67.70%	51.85%	58.56%	74.91%
投资活动现金流出占总现金流出比	18.04%	35.53%	21.90%	5.9%
筹资活动现金流出占总现金流出比	14.26%	12.85%	19.54%	19.16%

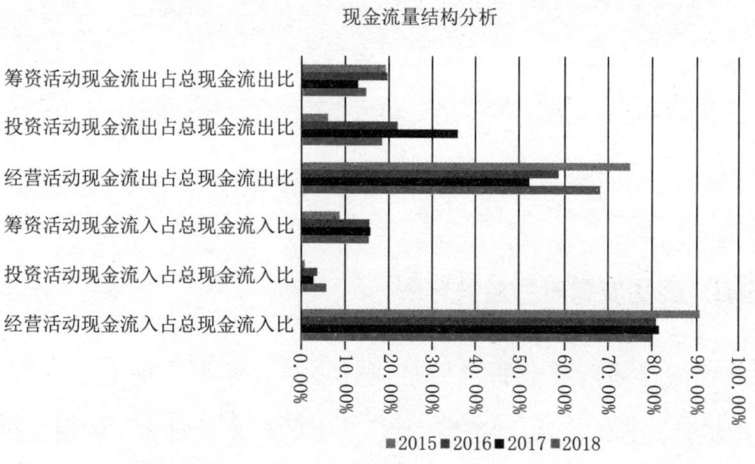

8.3 现金流量表的比率分析

现金流量表的比率分析是以经营活动现金净流量与资产负债表等

财务报表中的相关指标进行对比分析，全面揭示企业的经营水平，测定企业的偿债能力，反映企业的支付能力。

8.3.1 偿还债务能力分析

企业真正能用于偿还债务的是现金流量，用现金流量和债务的比较可以更好地反映企业偿还债务的能力。

以下三个公式可以反映企业的偿还债务能力分析。

现金到期债务比

现金到期债务比＝经营现金净流入÷本期到期债务
本期到期债务是指本期到期的长期债务和本期的应付票据，因为这两种债务是不能延期的，必须按时偿还。若企业的现金债务比高于同行业的平均值，则表明企业偿还到期债务的能力是较好的

现金流动负债比

现金流动负债比＝经营现金净流入÷流动负债
反映企业利用经营活动产生的现金流量偿还到期债务的能力。该比率越高，企业的支付能力越强

现金债务总额比

现金债务总额比＝经营现金净流入÷债务总额
反映企业用当年的现金流量偿还所有债务的能力。比率越高，企业承担债务的能力越强

8.3.2 现金流量表的趋势分析

现金流量表趋势分析主要是通过观察连续报告期（至少为 2 年，比较期越长，越能客观反映情况及趋势）的现金流量表，对报表中的全部或部分重要项目进行对比，比较分析各期指标的增减变化，并在此基础上判断其发展的趋势，对未来做出预测的一种方法。趋势分析注重可比性，具体问题具体分析。因此，正确计算运用趋势百分比，可使报表

使用者了解有关项目变动趋势及其变动原因，在此基础上预测企业未来的财务状况，为其决策提供可靠的依据。

一般对于一个健康的正在成长的企业来说，经营活动产生的现金净流入量应是正数，投资活动产生的现金净流入量应是负数，而筹资活动产生的现金净流入量则介于正数和负数之间变动。

8.3.3 现金流量财务弹性分析

所谓财务弹性，是指企业适应经济环境变化和利用投资机会的能力。这种能力来源于现金流量和支付现金需要的比较。现金流量超过需要，有剩余的现金，适应性就强。因此，财务弹性的衡量是用经营现金流量与支付要求进行比较。支付要求可以是投资需求或承诺支付等。

1. 现金满足投资比率

现金满足投资比率是指经营活动现金净流入与资本支出、存货购置及发放现金股利的比值，它反映经营活动现金满足主要现金需求程度。

其计算公式为：

现金满足投资比率＝近 5 年经营活动现金净流入

÷ 近 5 年资本支出、存货增加、现金股之和

如果现金满足投资率大于 1，表明企业经营活动所形成的现金流量能够满足企业日常基本需要，不需要外部筹资；若该比率计算结果小于 1，说明企业现金来源不能满足股利和经营增长的水平，不足的现金依靠减少现金余额或外部筹资提供。某年的现金满足投资比率，不一定能说明问题，用 5 年或 5 年以上的总和计算，可以剔除周期性和随机性影响，得出更有意义的结论。如果一个企业的现金满足投资比率长期小于

1，则其理财政策没有可持续性。

2. 现金股利保障倍数

现金股利保障倍数是指经营活动净现金流量与现金股利支付额之比，反映企业支付现金股利的能力。现金股利保障倍数越高，说明企业的现金股利占获取经营现金的比重越小，企业支付现金越有保障。

其计算公式为：

现金股利保障倍数 =（经营活动现金净流入 ÷ 现金股利额）×100%

用 5 年或者更长时间的总数计算该比率，可以剔除股利政策变化的影响。

第 9 章
财务综合分析

不得不关注的两大综合分析法：杜邦分析法、沃尔评分法。

9.1 杜邦分析法

杜邦分析法，又称杜邦模型，是将企业的获利水平、经营效率和风险承受能力综合在一起评价企业财务管理效果的方法。

9.1.1 杜邦分析法要点

杜邦分析阐述的三大要点：

杜邦分析的公式如下：

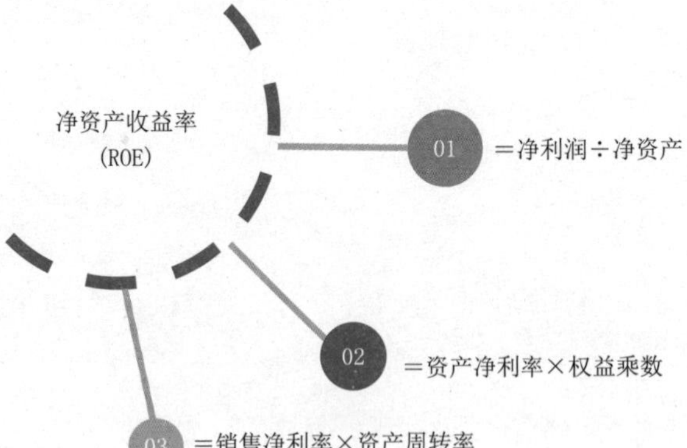

什么是净资产收益率呢，简单地说就是股东投入 100 元钱，能到

的利润是几元。我们还是从资产负债表的角度分析，见表 9-1。

表 9-1　资产负债简表

2019 年 8 月 31 日　　单位：万元

资　产	期末余额	负债和所有者权益	期末余额
货币资金	320	借款	200
存货	40	应付利息	10
固定资产	100	负债总额	210
		股本	200
		本年盈利	50
		所有者权益合计	250
资产总额	460	所有者权益和负债总额	460

这是一家水果店的资产负债表，水果店老板出资 200 万元，再借朋友小王 200 万元，年利率 5%。从会计的角度来看，股东的投入是 200 万元，负债 200 万元，第一年扣除各种费用和还小王的利息还赚了 50 万元，这时候水果店净资产收益率就是 25%（50÷200）。

9.1.2 利用杜邦分析法解读青岛海尔和九阳股份

我们以上市公司海尔电器和九阳股份 2019 年季报，利用杜邦分析法分析净资产收益率。

图 9-1 为海尔电器各项财务指标。

九阳股份，消费者最熟悉的就是九阳豆浆机，图 9-2 为九阳股份各项财务指标。

我们从三个方面对比这两个公司的财务状况。

1. 营业净利润率——这个指标是衡量公司到底赚不赚钱

营业净利润率计算公式如下：

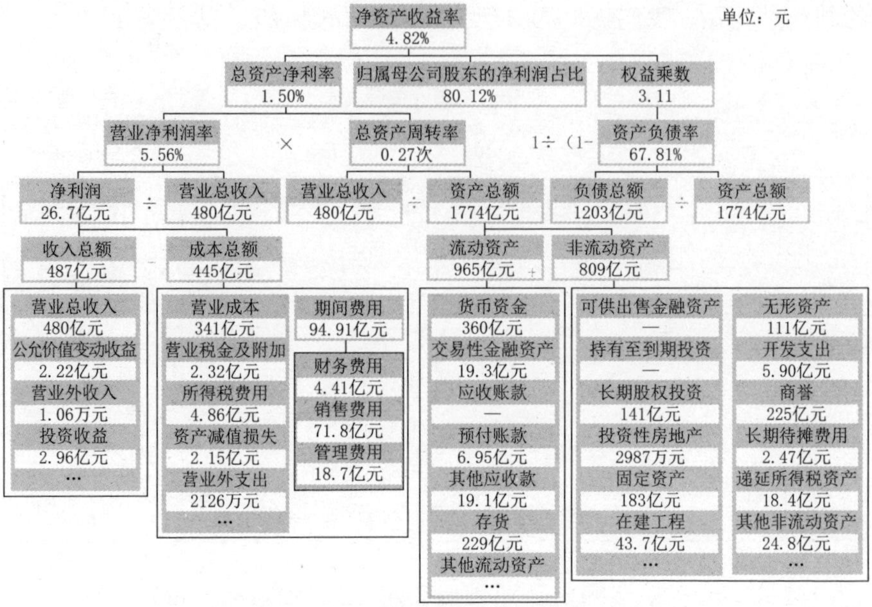

图 9-1 海尔电器各项财务分析指标

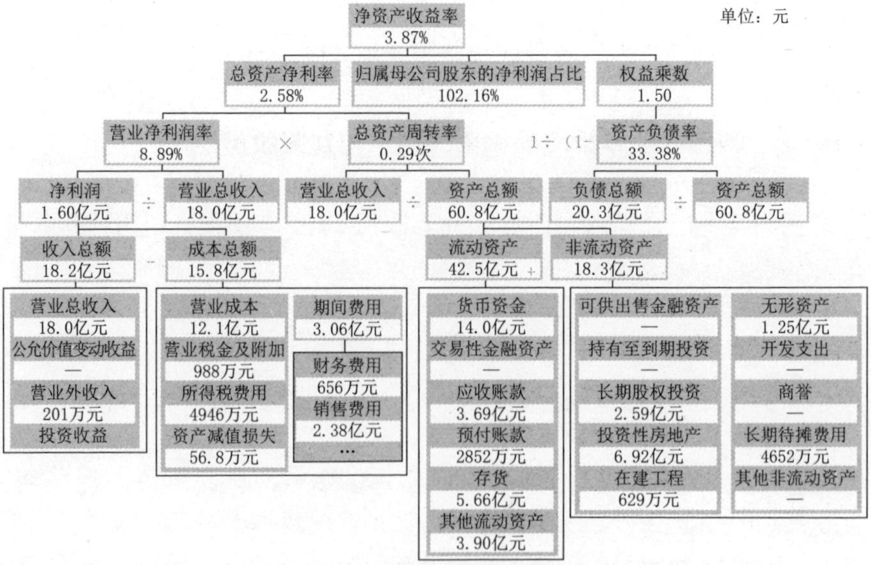

图 9-2 九阳股份各项财务指标

营业净利润率＝净利润 ÷ 销售收入 ×100%

青岛海尔营业净利润率为5.56%，九阳股份营业净利润率为8.89%。

这个指标表明1元销售收入与其成本费用之差得出的净利润是多少。通过对比可以看出，九阳股份营业净利润率比青岛海尔高出3.33%（8.89%−5.56%）。

2. 总资产周转率——公司的资产得没得到有效利用

总资产周转率计算公式如下：

总资产周转率＝销售收入 ÷ 总资产 ×100%

海尔电器总资产周转率为0.27次，九阳股份总资产周转率是0.29次。

我们看看海尔电器的总资产1 774亿元，营业总收入480亿元；九阳股份总资产60.8亿元，营业总收入18.0亿元，海尔电器总资产是九阳股份总资产的29.17倍，营业总收入是九阳股份的7.89倍。

3. 权益乘数——公司欠了多少债务，还不上钱的风险高不高

由于所有者权益等于总资产减去总负债，因此这个指标其实是资产负债率的变体，当负债占比越大，所有者权益越小，权益乘数就会越大，杠杆越大，说明企业借钱生钱的能力越强。财务杠杆即表明债务多少，与偿债能力有关，财务杠杆影响总资产净利率和权益净利率之间的关系，还表明权益净利率的风险高低，与盈利能力有关。

权益乘数公式如下：

权益乘数=1÷（1−资产负债率）×100%

海尔电器的权益乘数是3.11，九阳股份是1.50。

9.1.3 “资产负债表”和“利润表”的有机结合

通过以上的对比，计算如下：

九阳股份净资产收益率 = 总资产净利率 × 权益乘数

=2.58% × 1.50

=3.87%

海尔电器净资产收益率 = 总资产净利率 × 权益乘数

=1.50% × 3.11

=4.82%

通过对比后发现，青岛海尔净资产收益率比九阳股份高 0.95%，但总资产净利率比九阳股份低 1.08%，总资产净利率指标反映的是公司运用全部资产所获得利润的水平，即公司每占用 1 元的资产能获得多少元的利润。总资产净利率是影响净资产收益率的最重要的指标，取决于销售净利率和资产周转率的高低。

总资产净利率越高，表明资产的利用效率越高，说明公司在增加收入和节约资金使用等方面取得了良好的效果，否则相反。两家公司总资产净利率如图 9–3 所示。

通过对比可以看出，海尔电器营业净利率不如九阳股份，这也从侧面说明，九阳股份资产使用效率高于海尔电器。

杜邦分析体系的威力所在，将“资产负债表”和“利润表”有机的结合，从不同的角度审视自己公司和同行业公司的优缺点，发现后进行改善或保持。

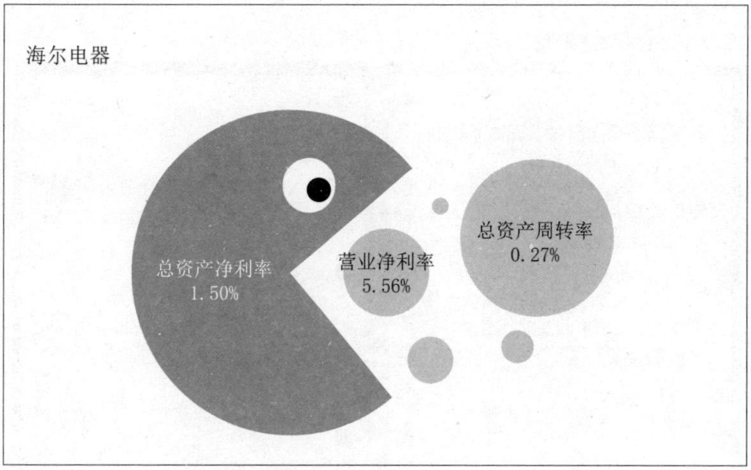

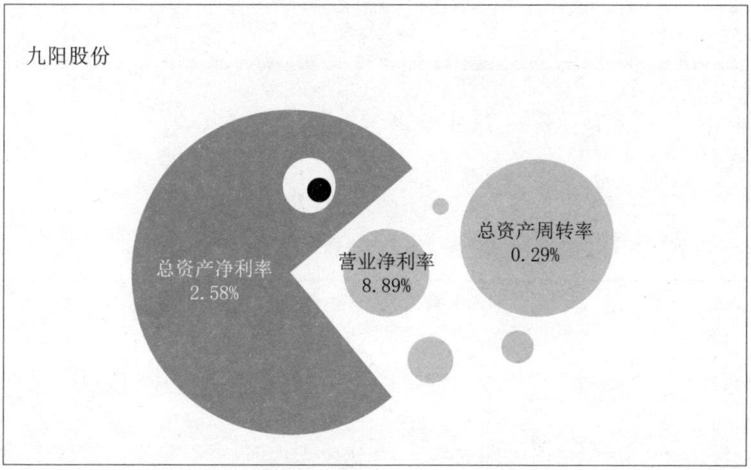

图 9-3　两家公司总资产净利率对比

9.1.4 杜邦分析法的局限与改进

杜邦分析是 1912 年杜邦公司的销售员法兰克 · 唐纳德森 · 布朗创立的，已经有 100 多年历史。经过 100 多年的发展，研究人员发现它的局限性。

传统杜邦分析体系的局限性

（1）没有包含股东资本成本：对短期财务结果过分重视，忽略企业长期的价值创造

（2）不完全符合股东财富最大化的要求；净资产收益率仅考虑以前的财务数据

（3）没有反映企业的现金流量

（4）不能体现企业无形资产及商誉的当期效益

（5）未考虑企业债务成本差异对净资产收益率的影响

（6）未考虑不同企业之间税收的差异对净资产收益率的影响

根据上述局限，对杜邦体系进行改进，见表 9-2。

表 9-2　资产负债简表

2018 年 12 月 1 日　　单位：万元

资　　产	期末余额	负债和所有者权益	期末余额
流动资产：		流动负债：	
现金和存款		短期借款	
有价证券		短期债券	
应收账款	→ 营运资本	应付账款	
预付账款		应付费用	
存货		到期长期负债	有息负债
非流动资产：		非流动负债：	
金融资产		长期贷款	
无形资产		长期债券	
固定资产 / 净值		所有者权益	
总资产：		负债 + 所有者权益	

根据表 9-2，按照流动性较好分为营运资本，负债提炼出短期借款、短期债券、长期贷款、长期负债这四项，归类为有息负债，改进后的杜

邦分析法计算公式如图 9-4 所示。

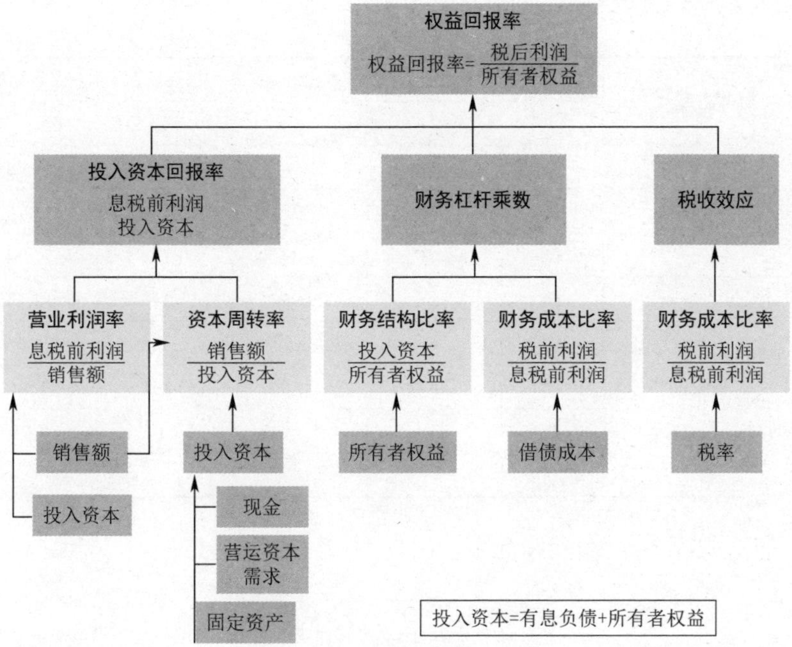

图 9-4　改进后的杜邦分析体系

9.2 沃尔评分法

企业财务综合分析的先驱者之一是亚历山大 · 沃尔。他选择 7 种财务比率，分别给定了其在总评价中所占的比重，总和为 100 分；然后，确定标准比率，并与实际比率相比较，评出每项指标的得分，求出总评分。

9.2.1 沃尔评分法具体运用

【例 9-1】 某企业是一家中型电力企业，2018 年的财务状况评分的结果见表 9–3。

表 9–3 相关分析指标

财务比率	比 重	标准比率	实际比率	相对比率	综合指数
	1	2	3	4=3 ÷ 2	5=1 × 4
流动比率	25	2.00	1.66	0.83	20.75
净资产 ÷ 负债	25	1.50	2.39	1.59	39.75
资产 ÷ 固定资产	15	2.50	1.84	0.736	11.04
销售成本 ÷ 存货	10	8	9.94	1.243	12.43
销售收入 ÷ 应收账款	10	6	8.61	1.435	14.35
销售收入 ÷ 固定资产	10	4	0.55	0.138	1.38
销售收入 ÷ 净资产	5	3	0.40	0.13	0.65
合 计	100				100.35

沃尔评分法存在问题如下：

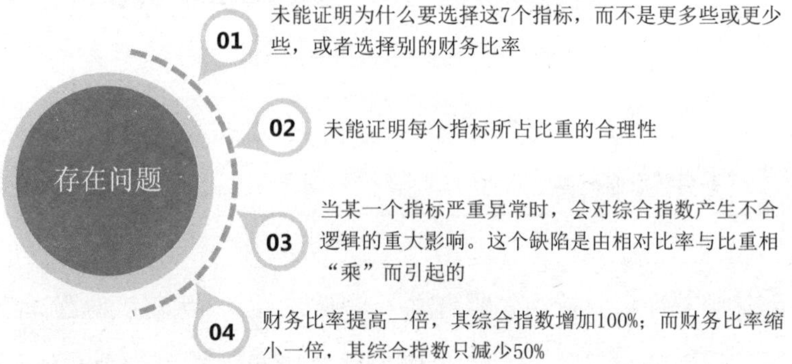

9.2.2 现代沃尔评分法

现代社会与沃尔的时代相比，已有很大变化。一般认为企业财务评价的内容首先是盈利能力，其次是偿债能力，再次是成长能力，它们之间大致可按 5：3：2 的比重来分配。盈利能力的主要指标是总资产报酬率、销售净利率和净资产收益率，这三个指标可按 2∶2∶1 的比重来安排。偿债能力有四个常用指标。成长能力有三个常用指标（都是本年增量与上年实际量的比值）。如果仍以 100 分为总评分。

【例 9-2】 仍以【例 9-1】中企业 2018 年的财务状况为例，以中型电力生产企业的标准值为评价基础，则其综合评分标准见表 9-4。

表 9-4　现代综合评分标准

指　标	标准评分	标准比率（%）	行业最高比率（%）	最高评分	最低评分	每分比率的差
盈利能力：						
总资产报酬率	20	5.5	15.8	30	10	1.03
销售净利率	20	26	56.2	30	10	3.02
净资产收益率	10	4.4	22.7	15	5	3.66
偿债能力：						
自有资本比率	8	25.9	55.8	12	4	7.475
流动比率	8	95.7	253.6	12	4	39.475
应收账款周转率	8	290	960	12	4	167.5
存货周转率	8	800	3 030	12	4	557.5
成长能力：						
销售增长率	6	2.5	38.9	9	3	12.13
净利增长率	6	10.1	51.2	9	3	13.7
总资产增长率	6	7.3	42.8	9	3	11.83
合　计	100			150	50	

每分比率的差计算公式如下：

$$每分比率的差=\frac{行业最高比率-标准比率}{最高评分-标准评分}$$

根据表 9-4，对相关指标调整见表 9-5。

CHAPTER 9

表 9-5　对相关指标的调整

指　标	实际比率	标准比率	差异	每分比率的差	调整分	标准评分值	得分
	1	2	3=1−2	4	5=3÷4	6	7=5+6
盈利能力							
总资产报酬率	10	5.5	4.5	1.03	4.37	20	24.37
销售净利率	33.54	26.0	7.54	3.02	2.50	20	22.50
净资产收益率	13.83	4.4	9.43	3.66	2.58	10	12.58
偿债能力							
自有资本比率	72.71	25.9	46.81	7.475	6.26	8	14.26
流动比率	166	95.7	70.3	39.475	1.78	8	9.78
应收账款周转率	861	290	571	167.5	3.41	8	11.41
存货周转率	994	800	194	557.5	0.35	8	8.35
成长能力							
销售增长率	17.7	2.5	15.2	12.13	1.25	6	7.25
净利增长率	1.74	10.1	11.84	13.7	0.86	6	6.86
总资产增长率	46.36	7.3	39.06	11.83	3.03	6	9.03
合　计						100	126.39

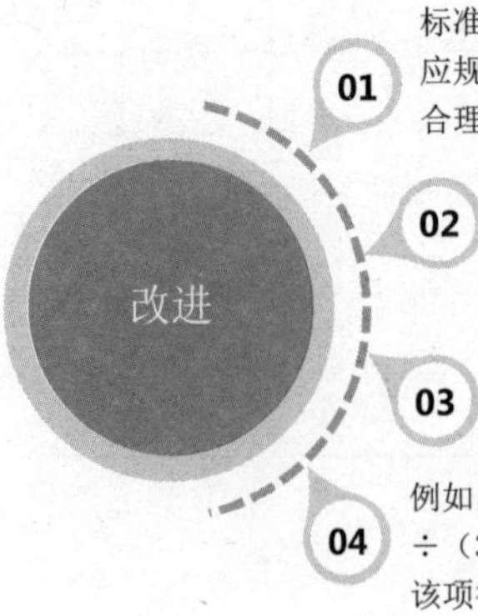

01 标准比率以本行业平均数为基础，在给每个指标评分时，应规定其上限和下限，以减少个别指标异常对总分造成不合理的影响

02 上限可定为正常评分值的1.5倍，下限可定为正常评分值的0.5倍

03 给分不是采用“乘”的关系，而采用“加”或“减”的关系来处理

04 例如，总资产报酬率每分比率的差为1.03%=（15.8%－5.5%）÷（30分－20分）。总资产报酬率每提高1.03%，多给1分，但该项得分不得超过30分

对该企业的财务状况重新进行综合评价，得 126.39 分，是一个中等略偏上水平的企业。

第 10 章 不可小觑的会计报表附注

哪些信息必须要在会计报表附注中披露？为什么某些上市公司竭力隐瞒重大担保、关联方交易、抵押等事件？

会计报表附注是会计报表的补充，主要是对会计报表不能包括的内容或者披露不详尽的内容做进一步的解释说明，包括对基本会计假设发生变化；会计报表各项目的增减变动（报表主要项目的进一步注释），以及或有事项或资产负债表日后事项中的不可调整事项的说明：关联方关系及交易的说明等。

10.1 附注是用来说明什么的

10.1.1 不符合基本会计假设的说明

一般认为，会计假设是会计核算的前提条件，基于会计核算而编制的财务报表一般也是以基本会计假设为前提的。

编制财务报表一般都以基本会计假设为前提，财务报表使用者不会有任何误解，所以在一般情况下不需要加以说明。但如果编制的财务报表未遵循基本会计假设，则必须予以说明，并解释这样做的理由。但企业在破产、清算，或被收购等情形下，持续经营假设不成立，应在财报中说明。

10.1.2 重要会计政策和会计估计的说明，以及重大会计差错更正的说明

会计报表附注应披露的重要会计政策主要包括：

会计政策	会计政策	会计政策	会计政策
（1）编制会计合并报表所采纳的原则 （2）外币折算时所采用的方法 （3）收入的确认原则	（4）所得税的会计处理方法 （5）短期投资的期末计价方法 （6）存货的计价方法	（7）长期股权投资的核算方法 （8）长期债权投资的溢折价的摊销方法 （9）坏账损失的具体会计处理方法	（10）借款费用的处理方法 （11）无形资产的计价及摊销方法 （12）应付债券的溢折价的摊销方法

10.1.3 重要承诺及或有事项的说明

企业资产抵押或质押，抵押贷款等。如某上市公司资产负债表日

存在的重要承诺，如图 10-1 所示。

资产负债表日存在的重要承诺

（1）资产抵押、质押情况

A、抵押借款情况

1）以抵押方式取得短期借款情况：

①本公司以245,929.00亩海域使用权（评估价值为1,057,49.47万元）的海域使用权作为抵押物，取得中国工商银行股份有限公司大连普兰店支行短期借款32,000.00万元。

②本公司以65,800.00亩海域使用权（评估价值为33,242.00万元）、子公司香港公司持有的大连新中海产食品有限公司（以下"新中海产"）100%股权及孙公司新中海产的土地使用权（账面价值6,828,697.32元），房产（账面价值39,731,300.14元），取得中国银行股份有限公司大连市分行营业部短期借款2,999.00万元。

③本公司以352,011.00亩的海域使用权（评估价值为143,620.49万元）、房屋建筑物（账面价值为163,263,610.80元）及土地使用权（账面价值为1,491,420.35元）作为抵押物，取得中国建设银行股份有限公司大连长海支行短期借款48,700.00万元。

④本公司以479,230.00亩海域使用权（评估价值为159,050.54万元）、养殖产品（评估价值为36,847.34万元）及2,803.44公顷海域使用权（评估价值为16,000.00万元）作为抵押物，取得中国农业银行股份有限公司大连长海支行短期借款42,700.00万元。

⑤本公司以236,106.00亩海域使用权（评估价值为65,840.74万元）及可捕捞底播海珍品（评估价值为31,165.99万元）作为抵押物，取得中国民生银行股份有限公司大连分行短期借款13,000.00万元，还款日（2018年9月10日）还款2,054.00万元，剩余款项展期1年，期末余额10,946.00万元。

⑥本公司以139,115.00亩海域使用权（评估价值为41,710.79万元）作为抵押物，取得中信银行股份有限公司大连分行短期借款5,000.00万元。

⑦本公司以其固定资产（账面价值27,412,161.96元）、土地使用权（账面价值5,847,006.14元）及子公司獐子岛集团大连永盛水产有限公司固定资产（账面价值1,162,106.15元）、土地使用权（账面价值160,559.90元）作为抵押物，取得中国进出口银行辽宁省分行短期借款7,100.00万元。

图 10-1　资产负债表日存在重要承诺（部分）

10.1.4　资产负债表日后事项的说明

资产负债表日后事项包括未决诉讼、仲裁，担保等，如图 10-2 所示。

或有事项

（1）资产负债表日存在的重要或有事项

1）未决诉讼或仲裁形成的或有事项及其财务影响

期末本公司及个别子公司是某些法律诉讼中的被告，也是在日常业务中出现的其他诉讼中的原告。尽管现时无法确定这些或有事项、法律诉讼或其他诉讼的结果，管理层相信任何因此引致的负债不会对本公司的财务状况或经营业绩构成重大的负面影响。

2）为子公司提供担保

截止2018年12月31日本公司为下属子公司提供担保如下：

被担保方	担保金额(万元)	被担保贷款期限	担保期限	担保是否已经履行完毕
大连獐子岛通远食品有限公司	2,838.82	2018/7/13-2019/7/12	债务履行期限届满之日起2年	否

图 10-2　资产负债表日后事项

10.1.5 关联方关系及其交易的说明

关联方是上市公司财报中必须披露内容，关联方是母公司、子公司、合营及联营企业、其他关联方等。关联方交易是指购销业务、租赁、担保、资金拆借，关联方债务重组、资产转让等。

10.1.6 会计报表中重要项目的说明

会计报表中重要项目的说明，如应收账款及应收票据等，如图10-3所示。

母公司财务报表主要项目注释

1、应收票据及应收账款

单位：元

项目	期末余额	期初余额
应收票据	15,377,699.84	9,442,305.57
应收账款	94,308,144.70	95,910,570.04
合计	109,685,844.54	105,352,875.61

（1）应收票据

1)应收票据分类列示

单位：元

项目	期末余额	期初余额
银行承兑票据	15,377,699.84	9,442,305.57
合计	15,377,699.84	9,442,305.57

2)期末公司已质押的应收票据

单位：元

项目	期末已质押金额

3)期末公司已背书或贴现且在资产负债表日尚未到期的应收票据

图 10-3 某上市公司会计报表重要事项说明

1)应收账款分类披露

单位：元

类别	期末余额					期初余额				
	账面余额		坏账准备		账面价值	账面余额		坏账准备		账面价值
	金额	比例	金额	计提比例		金额	比例	金额	计提比例	
按信用风险特征组合计提坏账准备的应收账款	101,630,605.49	99.65%	7,322,460.79	7.20%	94,308,144.70	102,382,438.98	100.00%	6,471,868.94	6.32%	95,910,570.04
单项金额不重大但单独计提坏账准备的应收账款	355,500.00	0.35%	355,500.00	100.00%						
合计	101,986,105.49	100.00%	7,677,960.79	7.53%	94,308,144.70	102,382,438.98	100.00%	6,471,868.94	6.32%	95,910,570.04

期末单项金额重大并单项计提坏账准备的应收账款：

□ 适用 √ 不适用

组合中，按账龄分析法计提坏账准备的应收账款：

√ 适用 □ 不适用

单位：元

账龄	期末余额		
	应收账款	坏账准备	计提比例
1 年以内分项			
1 年以内小计	67,787,683.76	3,389,384.18	5.00%
1 至 2 年	16,195,861.05	1,619,586.11	10.00%
2 至 3 年	1,250,999.84	250,199.97	20.00%
3 至 4 年	54,446.00	16,333.80	30.00%
4 至 5 年	1,630,499.50	815,249.75	50.00%
5 年以上	1,231,706.98	1,231,706.98	100.00%
合计	88,151,197.13	7,322,460.79	

确定该组合依据的说明：

组合中，采用余额百分比法计提坏账准备的应收账款：

□ 适用 √ 不适用

组合中，采用其他方法计提坏账准备的应收账款：

2)本期计提、收回或转回的坏账准备情况

本期计提坏账准备金额 1,773,809.01 元；本期收回或转回坏账准备金额 0.00 元。

其中本期坏账准备收回或转回金额重要的：

图 10-3　某上市公司会计报表重要事项说明（续）

应收利息、其他应收款及计提坏账准备、长期股权投资、对联营合营企业的投资、营业收入及营业成本、投资收益等，如图 10-4 所示。

投资收益

单位：元

项目	本期发生额	上期发生额
权益法核算的长期股权投资收益	6,085,054.55	5,694,218.75
处置长期股权投资产生的投资收益	4,068,640.68	
合计	10,153,695.23	5,694,218.75

图 10-4 个别报表项目说明

10.1.7 其他重大会计事项的说明

其他重大会计事项说明包括以下内容：

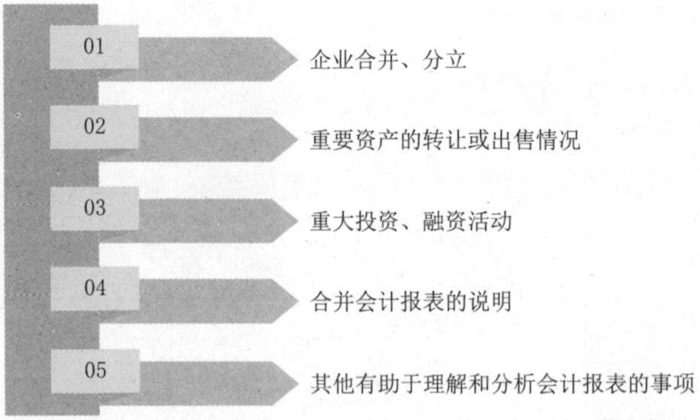

从“西藏发展”到“*ST 西发”，都是担保惹的祸

从前，西藏发展主营啤酒业务，股票表现波澜不惊，日子平平淡淡。忽一天，惊雷天上来，顿陷担保罗生门。

这事儿还得从 2016 年 6 月说起，天易隆兴斥资 7 亿元成为西藏发展的第一大股东。向西藏发展派驻三名董事：王承波、谭昌彬以及吴刚。2017 年 6 月，王承波被选为公司董事长。2018 年 6 月，西藏发展收到天易隆兴送达的涉诉通知及相关法律文书。文件显示，公司作为被告卷入金融借款合同纠纷案件中。

早在 2016 年 5 月，天易隆兴与国投泰康信托签署了《信托贷款合同》。约定国投泰康信托以其设立的信托资金向天易隆兴发放贷款 4.5 亿元，用于天易隆兴补充流动资金。2017 年 9 月 18 日，西藏发展向国投泰康信托出具承诺函，承诺对天易隆兴在《信托贷款合同》项下的全部债务承担连带保证责任。

而另一起金融借款合同纠纷的起诉书显示：2017 年 3 月，国投泰康信托与隆徽新能源签署了《信托贷款合同》，贷款总金额 3.2 亿元。2017 年 6 月，天易隆兴承诺对隆徽新能源在《信托贷款合同》项下的全部债务承担连带保证责任。2017 年 9 月，西藏发展承诺对隆徽新能源在《信托贷款合同》项下的全部债务承担连带保证责任。

因为前述承诺未履行还款义务，国投泰康信托将隆徽新能源、西藏发展等告上法庭。而西藏发展回应称，公司董事会、股东大会从未审议批准对外提供担保的任何承诺函。这是怎么回事呢？原来在 2017 年，王承波、吴刚私自以上市公司名义借款及提供担保，涉及金额数亿元。事发后，董事长兼总经理王承波于 2018 年 7 月 4 日宣布辞职。但此事件未因董事长辞职而风平浪静，西藏发展 2018 年年报也遭会计师事务所出具“非标准审计意见”，雪上加霜的是多位董事、监事更是“划清界限”，表示无法保证年报真实。

2019 年 4 月 10 日开市时起复牌，复牌后实行其他风险警示。实行其他风险警示后的股票简称由“西藏发展”变为“ST 西发”。

小贴士

风险警示板是上海证券交易所（简称“上交所”），保障上市公司退市制度的切实执行，保护投资者的合法利益，拟设立的对被予以退市风险警示的公司及其他重大风险公司实行另板交易。

10.2 会计政策变更

会计政策是指企业在会计确认、计量和报告中所采用的原则、基础和会计处理方法。企业采用的会计计量基础也属于会计政策。

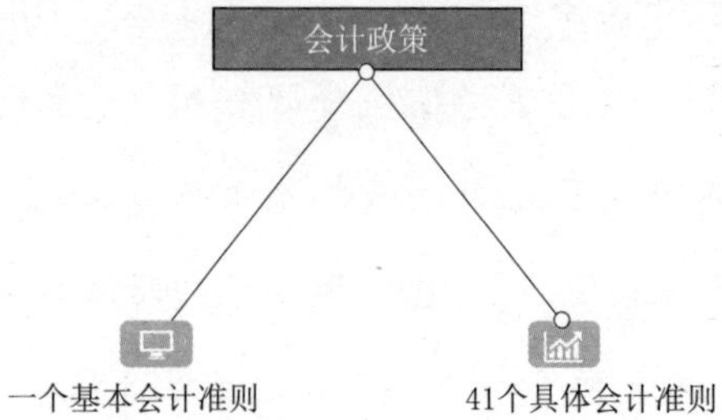

会计政策变更的条件有以下两点：

（1）法律、行政法规或国家统一的会计制度等要求变更。

依照法律、行政法规以及国家统一的会计准则制度的规定，要求企业采用新的会计政策。例如，《企业会计准则第14号——收入》（财会〔2017〕22号）发布实施以后，同时在境内境外上市的公司于2018年1月1日执行。

（2）会计政策的变更能够提供更可靠、更相关的会计信息。

在《年报中财务报告－重要会计政策及会计估计》部分，每家公司的会计政策都会清清楚楚的列示出来。图10-5是2018年东阿阿胶年报中会计政策变更的部分内容。

但是，2019年《关于修订印发2019年度一般企业财务报表格式的通知》（财会〔2019〕6号），把应收票据及应收账款又分别单独列示，东阿阿胶公司还得在2019年报中说明。

会计政策变更

根据《关于修订印发2018年度一般企业财务报表格式的通知》（财会[2018]15号）要求，资产负债表中，将“应收票据”和“应收账款”归并至新增的“应收票据及应收账款”项目，将“应收利息”和“应收股利”归并至“其他应收款”项目，将“固定资产清理”归并至“固定资产”项目，将“工程物资”归并至“在建工程”项目，将“应付票据”和“应付账款”归并至新增的“应付票据及应付账款”项目，将“专项应付款”归并至“长期应付款”项目；在利润表中，增设“研发费用”项目列报研究与开发过程中发生的费用化支出，“财务费用”项目下分拆“利息费用”和“利息收入”明细项目；本集团相应追溯调整了比较数据。该会计政策变更对合并及公司净利润和股东权益无影响。

上述会计政策变更引起的追溯调整对财务报表的主要影响如下：

本集团

2018年

	会计政策变更前 年初余额/ 本年发生额	会计政策变更	会计政策变更后 年初余额/ 本年发生额
应收票据	551,832,220.20	(551,832,220.20)	-
应收账款	504,726,197.67	(504,726,197.67)	-
应收票据及应收账款	-	1,056,558,417.87	1,056,558,417.87
应收利息	1,324,138.04	(1,324,138.04)	-
其他应收款	59,163,575.81	1,324,138.04	60,487,713.85
应付票据	31,191,868.31	(31,191,868.31)	-
应付账款	829,133,848.64	(829,133,848.64)	-
应付票据及应付账款	-	860,325,716.95	860,325,716.95
管理费用	630,817,493.14	(240,803,070.08)	390,014,423.06
研发费用	-	240,803,070.08	240,803,070.08

图 10-5 会计政策变更

10.3 会计估计及其变更

会计估计，是指企业对其结果不确定的交易或事项以最近可利用的信息为基础所作的判断。

10.3.1 常见会计估计变更的项目

下列各项属于常见的需要进行估计的项目如下。

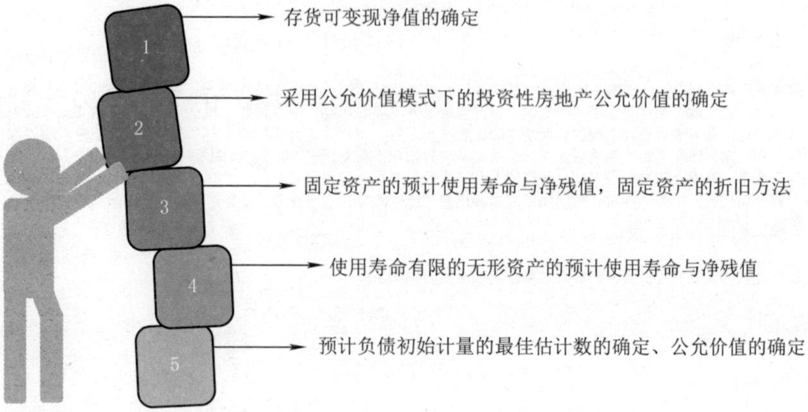

10.3.2 会计估计变更的影响

会计估计变更，是指由于资产和负债的当前状况及预期经济利益和义务发生了变化，从而对资产或负债的账面价值或者资产的定期消耗金额进行调整。

通常情况下，企业可能由于以下原因而发生会计估计变更：

（1）赖以进行估计的基础发生了变化。企业进行会计估计，总是要依赖于一定的基础，如果其所依赖的基础发生了变化，则会计估计也相应作出改变。例如，企业某项无形资产的摊销年限原定为15年，以后获得了国家专利保护，该资产的受益年限已变为10年，则应相应调减摊销年限。

（2）取得了新的信息，积累了更多的经验。企业进行会计估计是就现有资料对未来所作的判断，随着时间的推移，企业有可能取得新的信息、积累更多的经验，在这种情况下，也需要对会计估计进行修订。例如，东阿阿胶对生物性资产企业原对固定资产采用年限平均法按15年计提折旧，后来根据新得到的信息——使用5年后对该固定资产所能生产的产品的产量有了比较准确的证据，企业改按工作量法计提固定资产折旧。

大家熟知的东阿阿胶，2018 年发布关于生物性资产折旧的公告主营业务如图 10-6 所示。

经营范围	实业投资、股权投资；中药合剂、胶剂、煎膏剂、颗粒剂、硬胶囊剂、口服液的生产、销售；畜牧养殖、收购、屠宰、加工销售；中药材种植、生产、收购、加工销售；批准范围的商品进出口业务；化工产品（不含易燃易爆危险品）销售；许可证范围内保健食品的生产、销售；受委托保健食品的生产、销售；许可证范围内食品的生产、加工、销售；许可证范围内食品用塑料包装、容器、工具等制品的生产、销售；自有资产的投资、租赁、转让、收益；在经核准的区域内直销经核准的产品。

2018 年 3 月，发布《关于公司会计估计变更的议案》公告。

证券代码：000423 证券简称：东阿阿胶 公告编号：2018-08

东阿阿胶股份有限公司

关于公司会计估计变更的公告

本公司及董事会全体成员保证信息披露内容的真实、准确和完整，没有虚假记载、误导性陈述或重大遗漏。

东阿阿胶股份有限公司（以下简称"公司"）2018年3月14日召开的第八届董事会第十五次会议审议通过了《关于公司会计估计变更的议案》。现将相关事项公告如下：

一、会计估计变更的内容

（一）变更前：成熟生产性生物资产的成龄种驴，按照年限平均法计提折旧，折旧年限为5年，净残值率为5%。

（二）变更后：成熟生产性生物资产的成龄种驴，按照年限平均法计提折旧，折旧年限为10年，净残值率为60%。

二、本次会计估计变更对财务报表的影响及变更时间

按照《企业会计准则》规定本次会计估计变更采用未来适用法，不改变以前期间的会计估计，也不调整以前期间的报告结果。

会计估计变更后，根据测算预计影响每年增加净利润325.55万元。

图 10-6　会计估计变更公告

《企业所得税税法》中关于生产性生物资产计提折旧的规定，主要集中在第 63、64 条中：企业应当根据生产性生物资产的性质和使用情况，合理确定生产性生物资产的预计净残值。生产性生物资产的预计净残值一经确定，不得变更。生产性生物资产计算折旧的最低年限如下：林木类生产性生物资产，为 10 年；畜类生产性生物资产，为 3 年。

我们看到，东阿阿胶会计估计变更后，根据测算预计影响每年增加净利润 325.55 万元。也就是说，经过种驴折旧年限由 5 年到 10 年的变更，东阿阿胶每年能增加 300 多万元的净利润。

参考文献

[1] 李秀玉，阮希阳，李国强，上市公司财报分析实战［M］. 北京：清华大学出版社，2019.

[2] 速溶综合研究所，王建 . 读懂财务报表就是这么简单［M］. 北京：人民邮电出版社，2018.

[3] 宋娟 . 财务报表分析从入门到精通（实例版）［M］. 北京：机械工业出版社，2018.

[4] 薛云奎 . 穿透财报，发现企业的秘密［M］. 北京：机械工业出版社，2018.

[5] 唐朝 . 手把手教你读财报［M］. 北京：中国经济出版社，2015.

[6] 郑朝晖 . 财报粉饰面对面［M］. 北京：机械工业出版社，2015.

[7] 肖星 . 一本书读懂财报［M］. 杭州：浙江大学出版社，2014.

[8] 文杨 . 一本书读懂财务报表［M］. 北京：中国华侨出版社，2014.

[9] https://tech.sina.com.cn/roll/2018-02-03/doc-ifyremfz4369736.shtml

[10] https://finance.sina.com.cn/roll/2019-05-23/doc-ihvhiews4096291.shtml